VIVRE ET MOURIR...
GUÉRI !

France Gauthier

Vivre et mourir…
Guéri !

Vivre et mourir… guéri!
par France Gauthier

© *2014 Ariane Éditions inc.*
1217, av. Bernard O., bureau 101, Outremont, Qc,
Canada H2V 1V7
Téléphone : 514 276-2949, télécopieur : 514 276-4121
Courrier électronique : info@editions-ariane.com
Site Internet : www.editions-ariane.com
Tous droits réservés

Révision : Martine Vallée
Révision linguistique : Monique Riendeau, Michelle Bachand
Graphisme et mise en page : Carl Lemyre
Illustration de la couverture : Renée Desjardins
Photo de l'auteure en couverture arrière : Daphné Houle

Première impression : juillet 2014
ISBN : 978-2-89626-171-0

Dépôt légal :
Bibliothèque nationale du Québec
Bibliothèque nationale du Canada
Bibliothèque nationale de Paris

Diffusion
Québec : Flammarion Québec – 514 277-8807
www.flammarion.qc.ca
France et Belgique : D.G. Diffusion – 05.61.000.999
www.dgdiffusion.com
Suisse : Servidis/Transat – 22.960.95.25
www.servidis.ch

Gouvernement du Québec – Programme de crédit d'impôt
Pour l'édition de livres – Gestion SODEC
Imprimé au Canada

Table des matières

Introduction

L'histoire que vous vous apprêtez à lire est bien plus que le simple récit d'une guérison physique, qu'une rédemption même. C'en est une de transmutation et, surtout, d'espoir.

Notre humanité a franchi en cette fameuse année 2012 le point de bascule de conscience qui nous permet désormais de comprendre des notions que les courants religieux ont tenté de rendre inaccessibles au commun des mortels en les qualifiant de «miracles». Or, il existe à l'intérieur de chacun de nous un puissant alchimiste qui peut transformer sa réalité au point de vivre, ici, maintenant, le Paradis sur terre, et d'avoir accès à la «vie éternelle».

Mon amie Anne-Marie en est un exemple vivant.

J'ai rencontré Anne-Marie au milieu des années 1990, alors que nous travaillions respectivement comme journaliste et recherchiste au réseau TVA. En regardant un de mes reportages d'affaires publiques, elle a eu la nette sensation de me «reconnaître». Une connexion d'âmes si forte qu'elle a senti l'élan de suivre mon parcours professionnel par la suite, comme si on se connaissait depuis toujours. Nous sommes devenues des amies quelques années plus tard, quand nous

nous sommes retrouvées « par hasard » pigistes à l'émission quotidienne de la populaire animatrice Claire Lamarche.

Anne-Marie a toujours été en quête de vérité et d'absolu. À 40 ans, elle avait déjà lu un nombre impressionnant de livres de croissance personnelle et vécu plusieurs expériences spirituelles, alors que moi, je ne croyais à rien. Par ignorance, mais surtout parce que « toutes ces affaires ésotériques finies » pouvaient nuire à mon image de journaliste d'enquête, je ne voulais tout simplement pas savoir ! C'est elle qui m'a initiée à la spiritualité et encouragée par la suite à pratiquer l'écriture inspirée pour recevoir par moi-même cette guidance intérieure.

Depuis douze ans, on s'accompagne ainsi au rythme de notre évolution respective et je suis encore ébahie de constater à quel point on se ressemble au plus profond de notre être, alors qu'en apparence on est si différentes. Nous sommes ce qu'on appelle dans le langage spirituel des jumelles d'âmes. D'un point de vue intellectuel, j'ai beau comprendre le concept qu'une Âme maîtresse peut se diviser en deux rayons distincts pour créer des flammes jumelles, le « comment » et le « pourquoi » d'un tel phénomène demeurent un grand mystère. Quoi qu'il en soit, le puissant lien énergétique qui nous unit dans « la vraie vie » me fascine encore plus qu'au premier jour de notre rencontre. Concrètement, cela nous a amenées entre autres à vivre, en synchronisme, des épreuves similaires et à transformer notre vie au gré des guérisons qu'elles provoquaient.

Au printemps 2010, j'ai reçu le message de faire un *reset*. C'est le mot qui me venait en écriture inspirée. On me montrait d'appuyer sur le bouton de mon ordinateur mental et de m'accorder une période de repos pour être guidée vers ma prochaine création. Pendant l'été qui a suivi, Anne-Marie s'est mise à canaliser sous mes yeux des messages de guides d'une autre dimension après être entrée dans un état altéré de transe semi-consciente au cours de la méditation matinale.

J'explique toujours que les guides, les anges, les maîtres et autres entités ne sont en fait que des noms qu'on donne à des fréquences vibratoires x, y, z... qui se retrouvent dans les différents plans de l'univers. Puisque nous sommes tous connectés à ce buffet énergétique, nous pouvons capter ces longueurs d'onde, notamment à travers nos perceptions, nos sensations, notre intuition et, bien sûr, en inspiration. Des milliers de *channels* reçoivent des messages d'autant de vibrations distinctes, chacun en fonction de la fréquence qu'il porte en prédominance.

Pour la petite histoire, sachez que nous recevions déjà depuis trois ans des notions de ces guides d'un autre plan par le canal d'Anne-Marie. Pour indiquer leur provenance et faciliter notre compréhension du phénomène, ils s'étaient présentés à elle en 2007 comme étant nos « frères et sœurs des étoiles », un groupe appartenant à une conscience collective de la septième dimension. Évidemment, on ne peut pas prouver l'origine ni même l'existence de ces énergies subtiles, mais cela n'a aucune importance en soi. On se contente de reconnaître la justesse des propos transmis, parce qu'ils s'avèrent criants de vérité (et on se garde une marge d'erreur!), ce qui nous suffit pour l'instant. Cela dit, on pourrait parler uniquement d'inspiration et on ne se tromperait pas. Les réponses à nos questions nous sont soufflées par notre esprit, qui est branché directement sur la connaissance universelle. D'ailleurs, le *channeling* est un métier en voie de disparition, parce que nous sommes tous des canaux de réception... avec différents niveaux de talent. Je compare ce don à celui des chanteurs.

Tout le monde peut chanter avec plus ou moins de facilité, mais il n'y a qu'une seule et unique Céline Dion. Pour moi, Anne-Marie est la Céline de l'écriture inspirée !

Cet événement a marqué une bascule de conscience pour nous deux. J'ai quitté la télé à l'automne 2010 pour donner des conférences et des ateliers, notamment sur mes trois grands sujets de prédilection : l'élévation de la conscience, la maîtrise et l'alchimie.

De son côté, ma jumelle d'âme a pris une pause de la télévision pendant un an afin d'offrir des consultations privées en canalisation. En mai 2011, son système nerveux a flanché. Un ensemble de facteurs a provoqué cet épisode d'épuisement, mais le plus important était sans contredit la peur de se tromper ou de déformer le message qu'elle transmettait à ses clients. Cet été-là, pour des raisons différentes, nous avons dû revisiter nos thèmes respectifs. Pendant qu'Anne-Marie faisait face à ses doutes, je revivais la trahison pour la énième fois dans mon parcours amoureux. La bonne nouvelle, c'est qu'on a pu se guérir ensemble des nombreuses blessures émotionnelles qui y étaient associées (lire à ce sujet *C'est quoi l'amour ?*).

L'automne suivant nous a offert sur un plateau d'argent une grande rédemption. Nous sommes entrées progressivement dans un espace de plénitude et de joie qui perdure toujours. Dans cet état de légèreté, Anne-Marie a accepté des contrats de télé pour le pur plaisir de créer… jusqu'au moment où son corps l'a défiée de nouveau 18 mois plus tard.

Malgré le paradoxe apparent d'une mort annoncée, l'année 2013 aura permis l'ultime guérison de mon amie. Voici donc l'histoire de sa résurrection… et de la mienne, par association !

CHAPITRE 1

Phase de nidification

Avril 2013. Je ressens toujours une effervescence quasi incontrôlable dans les premières journées du printemps. Ce matin, j'ai le goût de faire la délinquante. Pas envie de travailler, pas envie de lire, pas envie de faire du ménage, juste envie de m'amuser.

J'appelle ma «jumelle des étoiles» pour tâter le terrain. C'est toujours pareil avec Anne-Marie, je n'ai qu'à nommer mon mal-être pour découvrir qu'elle se trouve presque toujours dans le même état d'esprit.

– Veux-tu faire l'école buissonnière avec moi aujourd'hui?

– Ouiiiiiiiii, répond-elle sans hésitation!

Anne-Marie est bonne joueuse. Quand elle se réjouit de faire un truc pas trop orthodoxe, comme mettre le travail de côté pour flâner avec sa vieille amie en plein lundi après-midi, elle hausse les épaules de contentement et hoche la tête en ricanant comme un petit lutin qui prend un malin plaisir à jouer des tours. Je ne la vois pas, mais je l'imagine. Je sais que nous allons passer du bon temps ensemble et que ça va nous faire le plus grand bien, parce que nous avons appris à lâcher prise sur le « faire » et à nous permettre simplement « d'être » quand la motivation nous fait tout à coup cruellement défaut. En plus, on sait que l'Univers a horreur du vide et tend par conséquent à vouloir le combler. Il va donc nous soutenir pour créer la suite des choses, peu importe la forme qu'elle prendra… !

Je ne sais pas pourquoi, mais j'ai le sentiment ces temps-ci que tout se transforme. J'aime toujours autant enseigner, animer des conférences et des ateliers, mais je ressens comme un essoufflement, signe pour moi qu'un changement s'amorce.

Anne-Marie, quant à elle, vient d'accepter un nouvel emploi comme directrice du développement, secteur télévision, pour les Productions Juste pour Rire. Une concrétisation professionnelle bien méritée qui lui impose d'habiter quelques jours par semaine à Montréal. Le reste du temps, elle travaille de sa maison de campagne, qu'elle a achetée en 2008 avec son amoureux dans les montagnes de l'Estrie.

Il faut préciser que, pour nous, la notion de travail s'est complètement transformée. Depuis deux ans, nous avons l'agréable impression d'être constamment en récréation. Disons qu'on se sent en « vacances de l'école terrestre », les deux pieds bien ancrés dans le premier niveau de maîtrise, celui du jeu et de la non-souffrance relative, loin de la comparaison, de la compétition, du jugement et de la critique, dans la conscience que nous sommes les grandes créatrices de notre vie… avec l'option « Reculons » disponible sur commande ! On revendique encore le droit à l'erreur et au retour en arrière quand on retombe occasionnellement dans nos blessures, mais ces épisodes sont de plus en plus courts et de moins en moins douloureux. Si je pouvais, à 20 ans, me retrouver en petite boule pendant des mois, voire des années, pour une peine d'amour ou une perte d'emploi, aujourd'hui le même événement va me bousculer pendant quelques minutes, au pire quelques heures. Ce n'est pas du déni ni une sorte de je-m'en-foutisme causé par une série de déceptions amères, mais bien un détachement fort libérateur de vouloir posséder qui ou quoi que ce soit.

Le mot «récréation» prend donc ici le sens de re-création, c'est-à-dire créer de façon renouvelée, avec plus de légèreté. Créer en fonction de nos dons et de nos talents dans le but avoué de s'amuser, comme des enfants qui s'élancent dans la cour d'école pour jouer, mais aussi pour contribuer à la grande œuvre commune de l'humanité. En somme, on se voit s'éloigner mutuellement de la performance et du besoin de reconnaissance extérieure qu'exige notre métier. Et cette prise de conscience nous conduit graduellement à émerger de l'océan des émotions, qui nous gardait prisonnières de nos scénarios d'autodestruction, pour mieux nous propulser dans un état de béatitude quasi permanent.

Alors, aucune culpabilité à prendre congé et à aller magasiner en cette belle journée ensoleillée !

– J'aime bien cette boutique. J'ai déjà acheté plusieurs trucs tout à fait mon style, ici. On entre ? me lance ma jumelle alors que nous flânons sur une petite rue commerciale du Plateau-Mont-Royal.

Avant d'entrer dans le commerce, je lève les yeux pour voir le nom affiché sur la façade.

« Solo… Ah oui, c'est la lettre qu'il me manquait ! Mon cheval va s'appeler Solo ! »

Je viens de faire l'acquisition d'un magnifique Quarter Horse de neuf ans à l'écurie où Anne-Marie laisse sa jument en pension. Il se prénommait Éclipse, mais en écriture inspirée il m'a montré le nom qu'il voulait désormais porter. Je pratique et enseigne cette technique depuis plus de deux ans, et les résultats sont étonnants. Pas précis à cent pour cent, mais assez pour apporter quelques réponses réconfortantes à mes millions de questions existentielles. Même si en inspiration le meilleur médium que je connaisse demeure sans conteste ma jumelle, tout le monde peut utiliser cette technique à titre de guidance personnelle sans être un *channel* accompli. Suffit de se brancher sur le Soi supérieur, source de toute connaissance et de toute sagesse, et de laisser les messages couler à travers notre canal. Parce que, je le répète, nous sommes tous médiums ! En fait, chaque être humain est équipé d'antennes, branchées wifi sur une forme de conscience élargie, qui sont capables d'émettre et de recevoir des informations des plans subtils.

L'écriture pour moi se manifeste à deux niveaux. D'abord les mots, bien sûr, mais aussi les images. Quand j'ai posé la question la veille, à savoir comment mon cheval voulait s'appeler, on m'a montré l'image de la BD *Le Temple du Soleil* (Hergé), lorsque l'éclipse passe enfin et que Tintin est sauvé du bûcher avec le petit Zorrino et ses acolytes de toujours, le capitaine Haddock et le professeur Tournesol. Puis, le mot Sol s'est écrit tout seul dans ma tête. Sol pour soleil, bien sûr, qui brille après le passage d'une éclipse totale. Mais Sol aussi comme synonyme de terre, ce que le cheval fait pour moi naturellement, c'est-à-dire me ramener dans mon corps en m'enracinant à notre mère Gaïa. Sauf que Solo, ça lui va encore mieux.

L'équitation étant un des rares moments solitaires que je m'accorde, raison de plus pour arrêter mon choix sur ce nom plutôt que sur tous les autres qu'on m'a suggérés.

– Ah oui, c'est super beau Solo, approuve instantanément Anne-Marie.

Non pas que j'ai besoin de son approbation, ou elle de la mienne, mais je m'amuse encore de constater combien nous résonnons aux mêmes idées. Faut croire qu'elles descendent simultanément en nous de notre source commune d'inspiration !

Après avoir payé ses nouveaux vêtements, Anne-Marie m'invite à l'accompagner jusqu'à son appartement, question de me séduire à l'idée de l'acheter avec elle en septembre, au moment où les proprios projettent de transformer leur triplex en condos*. Elle argumente que c'est un investissement intelligent dans le contexte économique actuel, mais je sais que son enthousiasme est quelque peu intéressé ! De cette façon, nous aurions toutes les deux un pied-à-terre en ville lorsque j'irai aussi vivre à temps plein à ma maison de campagne, voisine de la sienne. J'admets que c'est une idée géniale, quoique totalement irréalisable pour l'instant, mais je me garde bien de briser son rêve du jour. Parce que je connais mon amie. Elle change d'idée beaucoup plus rapidement qu'on change de chemise ! S'il n'y a que les fous qui ne changent pas d'idée, je vous confirme que ma jumelle est la fille la plus saine d'esprit de la planète !

Dans cet élan d'investir, Anne-Marie visite des condos depuis une semaine, sans trop savoir ce qu'elle recherche. Une nouvelle aventure qui m'excite tout autant, surtout que je suis

---

* Un condominium (ou condo) est un appartement réservé à ceux qui veulent en être propriétaire.

toujours partante pour rêver de projets immobiliers au printemps, même si je n'en ai aucunement les moyens financiers !

Lorsque nous arrivons à l'appartement, je lui propose une petite séance d'écriture inspirée, elle pour moi et moi pour elle, notamment pour répondre à sa question sur la pertinence d'acheter un condo à Montréal dans sa situation de travail actuelle. On s'amuse souvent à faire cet exercice et les enseignements qu'on en retire sur tous les plans n'ont pas de prix.

Puisqu'il fait un temps anormalement doux pour la mi-avril, on s'assoit toutes les deux sur le balcon arrière et on médite quelques instants au soleil avant de laisser aller notre stylo. Je vois très rarement venir les réponses quand j'écris, ce qui représente pour moi un signe indéniable de leur justesse. Les mots me surprennent et se bousculent plus vite que ma pensée, autre indice que je me trouve réellement en état d'inspiration. Je dis toujours à la blague qu'Anne-Marie est totalement perdante quand on s'échange des textes canalisés. Elle m'écrit un long message ultraprécis de plusieurs pages, alors que je lui remets quelques paragraphes moins élaborés en tous points... mais souvent troublants de vérité quand même. J'essaie donc de ne pas retomber dans mes vieux réflexes de comparaison, question de ne pas me foutre des complexes !

Cette fois, je perçois clairement que l'envie d'acheter une demeure en ville est en fait une interprétation d'un élan beaucoup plus profond chez Anne-Marie.

« ... Votre jumelle est en pleine phase de nidification. Elle veut faire de l'espace et bâtir un nid pour accueillir sa prochaine grande création. Le lieu de vie n'a aucune importance

en soi. Ce qu'elle recherche avant tout est un endroit de
calme et de sérénité pour préparer le projet qui est en gesta-
tion et servira votre Grand Plan commun…»

Je souris en me relisant à voix haute. Je ne veux pas la décou-
rager, mais je suis une fille extrêmement sensitive, et mes sensations se décuplent quand il s'agit de ma petite sœur d'âme.
Comme si j'entendais dans mon corps la réponse avant de
l'écrire. Or, j'ai beau être enthousiaste à l'idée de visiter des
condos avec elle, je ne ressens pas qu'elle va concrétiser son
projet, pas pour le moment du moins. Je n'ai aucune idée de
ce dont elle va «accoucher», mais je ne me juge pas d'avoir
transmis cette information. Je vois bien par contre que mon
texte la laisse sur sa faim, parce que ce n'est pas une réponse
claire et franche qui commence par un «oui» ou par un
«non». Ce n'est jamais le cas. En principe, les guides n'inter-
fèrent pas dans notre processus créateur, pour ne pas compro-
mettre notre libre arbitre. On sait aussi que les enseignements
reçus en inspiration prennent souvent tout leur sens dans les
semaines ou les mois qui suivent. Nous les prenons donc avec
un grain de sel et nous continuons notre route sans trop nous
en préoccuper… jusqu'à ce qu'ils nous rattrapent!

En contrepartie, je peux vous assurer qu'Anne-Marie n'a rien
perdu de sa «dextérité manuelle médiumnique»! Le message
qu'elle a reçu pour moi en réponse à ma question sur mon travail de conférencière est totalement inattendu et la propulse
dans un état d'euphorie propre aux instants qui suivaient ses
transes semi-conscientes l'année qu'elle faisait du *channeling*.

Je vous épargne les détails qui expliquent pourquoi j'ai l'impression «d'être sur pause» dans mes élans créatifs en ce
moment, mais disons qu'elle a capté pour la première fois la
fréquence de l'archange Michaël, ce qui nous laisse plutôt

perplexes. Mais puisque nous sommes des enseignantes-éclaireurs, selon ce qu'on nous a transmis il y a longtemps, et qu'Anne-Marie est un *channel* capable de recevoir différentes fréquences, pourquoi pas celle du «patron des enseignants»!

Dans son message, cette énergie qu'on attribue aussi au rayon bleu de la connaissance me confirme que *«le contact avec la race équine est une façon de me reconnecter avec mon essence»*. Ce que j'ai parfaitement ressenti il y a quelques semaines quand j'ai décidé d'adopter Solo. On me l'avait même transmis en écriture, sans que je le partage avec Anne-Marie.

«Solo! Oui, plus j'y pense, plus je le sens. C'est vraiment son nom.»

Reste à faire passer la pilule à mes enfants, qui trouvent leur mère pas mal flyée et préfèreraient un nom de cheval plus «normal»!

CHAPITRE 2

L'annonce

Mai 2013. J'adore ces moments magiques partagés avec tout mon clan à l'écurie. Pendant que mes ados bavardent avec les autres jeunes à l'intérieur, je rejoins Anne-Marie au champ. Situé entre les montagnes et l'un des plus beaux lacs des Cantons-de-l'Est, ce décor enchanteur exposé aux grands vents nous offre une sensation inouïe de liberté et de pur bonheur. Nous pouvons passer de longues minutes ensemble sans parler, juste à contempler nos magnifiques bêtes en train de brouter tranquillement la nouvelle herbe vert tendre du printemps. Ces brèches dans le temps, comme autant de portions d'éternité, inscrivent en nous l'empreinte du Paradis sur terre, j'en suis convaincue !

– On est bien, hein ? me lance mon amie, sortant tout à coup de son mutisme.

Anne-Marie est de nature moins bavarde que moi, alors je ne m'inquiète nullement de son silence, mais j'admets qu'elle est particulièrement songeuse ce matin.

– Ça fait drôle d'être si bien, parce que j'ai une étrange nouvelle à t'annoncer.

– Étrange nouvelle ?

– J'ai une masse dans le bas du ventre. Je passe une échographie cette semaine pour en savoir plus.

– Qu'est-ce que tu veux dire par « une masse » ?

Je prends conscience du malaise qui m'envahit en une fraction de seconde. Le mot « masse » fait apparaître instantanément une foule d'images inquiétantes qui se bousculent dans ma tête. « Vite, pose une question, France, ça va changer le mal de place. »

– Quand t'es-tu rendu compte de ça ?

– Ça fait trois semaines à peu près.

« TROIS SEMAINES ? Et elle ne m'a rien dit ! » Je suis sous le choc, mais je ne sais pas trop si c'est parce qu'elle a gardé cette information secrète aussi longtemps ou parce que ce genre d'excroissance peut être maligne. Dans ce cas, le temps joue contre elle. Je choisis de ne pas relever le fait qu'elle m'a caché ce détail NON NÉGLIGEABLE beaucoup trop longtemps. Je la gronderai une autre fois… Alors je dis n'importe quoi.

– Ça doit être un fibrome.

Je cherche désespérément une explication logique, un cas courant chez les femmes dans la quarantaine qui pourrait désamorcer mon début de crise de panique. Le visage de ma petite sœur Claude apparaît instantanément dans mon esprit. Elle s'est complètement remise il y a quelques années de ses hémorragies fréquentes causées par cette tumeur bénigne, grâce à une simple intervention chirurgicale sans conséquence.

– Je ne sais pas. Peut-être, enchaîne Anne-Marie sans conviction.

– C'est sûr que c'est un fibrome, ça n'peut pas être autre chose! Ma sœur, ma belle-sœur, l'ex de mon chum (ami de cœur), la prof de mes enfants et plein d'autres filles ont été traitées pour ça. T'inquiète pas trop, c'est facile à soigner.

Je prends conscience, en le disant, du nombre effarant de femmes autour de moi qui ont développé un fibrome utérin. Si c'est devenu la norme, ce n'est certainement pas naturel! «Bon, je philosopherai sur le sujet plus tard, ma jumelle attend!»

– Comment t'en es-tu rendu compte?

– Je ne suis pas grosse, tu sais?

«Euh… euphémisme», m'entends-je penser instantanément avec mon petit ton sarcastique qui remonte de temps à autre, à ma grande surprise d'ailleurs, moi qui aspire tant à devenir un maître! Preuve incontestable qu'il reste encore quelques vestiges tenaces de mon ancienne vie de journaliste critique à dissoudre! Anne-Marie est toute petite, elle l'a toujours été, le genre qui mange cinq repas par jour, mais qui ne prend jamais un seul kilo. Comme le dit une de ses amies: «Elle mange comme un oiseau, c'est-à-dire trois fois son poids!» Et j'en rajoute… «Ça fait suer le peuple!»

– Je voyais bien, depuis un certain temps, que j'avais un gros ventre. Ce n'était pas normal. En me palpant du côté droit, je l'ai sentie tout de suite, enchaîne-t-elle, me sortant du moment d'égarement qui m'a fait sombrer une nanoseconde dans l'envie d'avoir moi aussi son petit corps qui ne semble pas vieillir. Ah, comparaison, quand tu me tiens… Totalement ancien monde ! Mais j'ai une bonne excuse, car je suis très contrariée en ce moment. Quoique mon amie puisse aussi être « hyper hypocondriaque » à ses heures, alors je ramène mon mental au moment présent.

– Quand passes-tu ton écho ?

– Mercredi. D'ailleurs, est-ce que je peux aller dormir chez toi la veille ? Mes tests sont à l'hôpital Pierre-Boucher, sur la rive sud.

Bien sûr, qu'elle peut venir dormir chez nous. Mon amoureux et moi, nous avons acheté une petite maison en banlieue sud de Montréal, le temps que les enfants terminent leur secondaire, après quoi nous projetons de nous installer en permanence en Estrie. Et même si l'espace y est restreint, c'est toujours la fête quand Anne-Marie nous rend visite. Cette semaine, par contre, je serai en région pour enseigner, alors elle pourra passer du temps avec mes ados qui viennent s'occuper de leurs animaux les semaines où ils habitent chez leur père et que je dois m'absenter pour le travail. Ma fille de 12 ans a une relation très particulière avec Anne-Marie. Elle affirme même que ma jumelle est sa « meilleure amie ». Elle lui confie ses plus gros secrets, ses joies et toutes ses peines : bref, c'est sa *best* ! Et Anne-Marie, un peu adolescente à ses heures, le lui rend bien, appréciant grandement sa compagnie. Il paraît que les maîtres savent cultiver leur cœur d'enfant, ce qu'Anne-Marie met brillamment en pratique avec ma fille !

Notre discussion est interrompue abruptement par les enfants qui me crient de venir les rejoindre. Bien que je sois ébranlée par cette nouvelle, je fais mine de rien. Nous passons plusieurs heures à l'écurie à prendre soin des chevaux, à les monter et à discuter avec les autres propriétaires. Je travaille très fort pour calmer mon mental. Je ne veux même pas penser au mot… Celui qui fait peur à tout le monde. Celui, comme dans les histoires d'Harry Potter, dont on ne prononce pas le nom pour ne pas s'en attirer les foudres. Celui qu'on échappe du bout des lèvres quand un proche en est atteint. Oui, ce mot-là…

Cancer.

Bon, c'est dit! Est-ce que ça pourrait être un cancer? Non. « Bannis ce mot de ta tête, France, tout va bien aller. »

J'ai beau avoir atteint le premier niveau de maîtrise que j'enseigne à temps plein (et qui est une notion bien élastique, on s'entend), j'ai encore des émotions et j'en aurai toujours. Les émotions sont humaines et nous servent, selon la gestion qu'on en fait, à acquérir de la sagesse. La seule nuance, c'est que je ne les laisse plus prendre le contrôle de ma vie. Je respire dans l'émotion le temps qu'il faut et je la laisse partir. Je vais compter sur cette nouvelle valeur sûre dans ma vie pour ne pas sombrer dans l'inquiétude maladive. « Emprunte pas la misère, ma fille », me martèle ma mère depuis ma tendre jeunesse. Je vais donc appliquer sa très sage consigne une énième fois.

Anne-Marie n'a pas dormi à la maison finalement. Trop de travail. Elle cumule deux emplois, le temps de faire la transition entre son contrat pour une émission jeunesse à Télé-Québec et celui à Juste pour Rire, ce qui lui impose des horaires de fou parfois. Elle a donc préféré passer la nuit à son appartement. Mon amoureux, Stéphane, qui m'accompagne dans toutes mes activités publiques, ma collaboratrice Martine et moi sommes au Saguenay depuis la veille pour y offrir les nouveaux ateliers d'une journée que j'ai conçus en 2012, *La Classe des maîtres* et *Créer l'abondance*.

Je suis si confiante que tout va bien aller que je n'appelle même pas ma jumelle le soir pour savoir comment s'est déroulée son échographie. Je me dis qu'elle va me téléphoner si elle veut m'en parler. Surtout qu'elle n'aura pas de résultats avant quelques jours. Le lendemain, sur le chemin du retour à Montréal, une amie commune m'appelle et, sans autre préambule, me demande si j'ai parlé à Anne-Marie, « parce qu'il paraît qu'elle a eu des mauvaises nouvelles, qu'elle doit se faire opérer pour un cancer. Est-ce que je peux faire quelque chose ? » me demande-t-elle sans que j'aie le temps de gérer l'information.

– Je ne crois pas… Si c'est cancéreux, elle va se faire enlever la tumeur et tout va redevenir comme avant, c'est tout.

Il paraît que mon ton a été un peu sec ! Un vieux réflexe de défense quand je suis déstabilisée, voire K.-O., complètement prise de court par la Vie. Je rassemble mes idées. « Comment peut-on savoir que c'est cancéreux juste à l'échographie ? Pas possible. Il faut des analyses plus poussées. En plus, c'est un jeu de téléphone arabe de la fille qui a dit à l'autre qui l'a dit à la troisième qu'Anne-Marie avait un cancer. Je n'y crois pas. Il y a sûrement des chances que ce soit bénin. » Je retourne les mots dans tous les sens, puis j'éclate en sanglots dans la voiture, sous le regard impuissant de mes deux compagnons de route.

Il faut que je parle à ma jumelle de vive voix…

CHAPITRE 3

L'attente

– On se calme, y'a pas lieu de paniquer encore…

À moitié soulagée, je lance cette affirmation à mon équipe alors que nous attendons d'être servis au resto. Je viens de raccrocher la ligne avec Anne-Marie. La petite heure qu'elle a mise pour me rappeler m'a donné juste assez de temps pour partir dans ma tête et m'inventer mille scénarios, même si je tente depuis des années de mettre en pratique à chaque instant le troisième accord toltèque : ne pas faire de supposition. Force est de constater qu'il n'est pas tout à fait intégré !

Anne-Marie m'a rassurée tant bien que mal en me confirmant qu'il n'y a aucun résultat officiel, que ça peut être une tumeur bénigne, qu'elle va bien, mais qu'elle a vu la masse près de l'ovaire pendant l'échographie… qui fait au moins 14 cm de diamètre ! Elle a admis avoir eu un dur réveil ce matin, ponctué d'étourdissements violents, après avoir encaissé le choc de devoir se faire opérer au plus vite.

– Quatorze centimètres ! Mon Dieu, c'est un œuf de tyrannosaure !

– Commence pas à t'inquiéter tout de suite, mon amour, me murmure gentiment Stéphane en me caressant l'épaule.

Et Martine, qui est un être de compassion pure, se trouve déjà en mode «je suis toute avec vous», ce qu'elle fait à merveille sans même avoir besoin de parler. «Mais si la masse est à l'extérieur de l'utérus, ce n'est pas un fibrome utérin… alors qu'est-ce que ça peut être ? » Je ne veux plus y penser.

J'ai une sommeil très agité cette nuit-là. Un mélange de fatigue due aux deux ateliers consécutifs que je viens d'animer et aux longues heures passées sur la route pour aller et revenir du Saguenay. À cela s'ajoute «le hamster sur la coke» dans ma boîte crânienne qui roule à 100 km/h pour réécrire le scénario des derniers jours en le retournant à notre avantage. Une très mauvaise habitude qui est devenue de loin mon plus grand défi dans cette vie. «Ici, maintenant, France. Moment présent. Tout va bien dans le moment présent. Tout est parfait ! » Je me ramène constamment, mais rien n'y fait. Je dors tout au plus trois ou quatre heures et je me relève pour méditer. La méditation, surtout quand je peux la pratiquer au soleil levant dans mon jardin en ville ou à la campagne, finit par avoir l'effet d'un sédatif sur mon cerveau, si je reste assise assez longtemps pour me permettre d'élever mon taux vibratoire et de changer d'état. J'y parviens assez bien présentement. Avant de m'asseoir, j'ai pris soin de sortir mon cahier et mon crayon pour pouvoir poser des questions dès que je sortirai de mon état méditatif. J'ai constaté par expérience que les réponses sont toujours plus alignées dans les minutes qui suivent ces moments d'intériorisation.

«Que se passe-t-il réellement avec ma jumelle ? »

« Chère Âme, vous êtes toutes les deux à une croisée des chemins. Votre jumelle a fait un choix, celui de changer de plan pour mieux vous accompagner. Vous ne voulez pas entendre ces mots, ils font mal à la personnalité France. Et pourtant, Myriam Marie (le nom d'Âme que les guides donnent à Anne-Marie) est vous, et vous êtes elle. Vous ne faites qu'Un. Ce choix de votre jumelle pourra vous servir à toutes les deux de façon encore plus expansive que dans la personnalité Anne-Marie.

Soyez rassurée, elle ne partira pas de si tôt. Vous aurez le temps de profiter de sa présence pour vous familiariser avec les rudiments de ce que vous nommez la "mort". **On ne meurt pas***, ne l'avez-vous pas déjà écrit? Vous savez ceci et vous avez maintenant à l'expérimenter pour mieux l'enseigner. C'est le choix de votre Âme maîtresse commune de transmettre au plus grand nombre des notions spirituelles universelles pour que chacun puisse basculer en son temps dans ce Nouveau Monde en construction. Votre sœur d'âme retourne à la Maison. Réjouissez-vous de ce parcours qui vous unit dans la matière comme dans l'éther…»*

«Peut-elle changer d'idée?»

« Certes, tout est perpétuel changement, et vous détenez toujours le libre arbitre, mais vous aurez à faire face à cette éventualité, un jour ou l'autre…»

J'éclate en sanglots en me relisant. Une tristesse immense m'envahit. Je n'arrive plus à réfléchir. Même pas à penser qu'il est possible que je me trompe complètement! Je pleure tellement que je me réfugie dans les bras de mon amoureux, qui ne comprend pas trop, mais qui s'en doute, et sans être capable de prononcer un seul mot, je lui déverse mon flot de larmes sur l'épaule. Lorsque j'arrive à parler, je lui lis le message que je viens de recevoir. Quand on pose des questions à notre Grand Soi, il faut être prêt à entendre les réponses. Je ne l'étais pas. Stéphane non plus, semble-t-il. Nous pleurons ensemble en silence sans chercher à se réconforter l'un l'autre. La tristesse est une émotion pure ressentie par tous les humains. La peine, quant à elle, vient avec une charge émotionnelle d'attachement, de jugement ou de comparaison. Je constate encore une fois, dans l'expérience, le chemin parcouru. Je ne ressens plus cette charge. Je ne vis plus de peine associée à ma tristesse. Une fois l'émotion brute évacuée, j'arrive toujours à retrouver une certaine sérénité.

Mais la rebelle en moi se braque. « Pourquoi pourrait-elle mieux m'accompagner sur un autre plan ? Voyons donc ! Pourquoi faudrait-il laisser son corps physique derrière… et tous nos projets communs ? » Et si mon gros ego voulait seulement me tester en me faisant vivre une nouvelle série de sensations fortes, un poison auquel j'ai été accro longtemps après le suicide de mon père lorsque j'avais 14 ans ?

Un rêve de ma courte nuit refait surface pendant que je me casse la tête à essayer de comprendre l'incompréhensible. J'ai rêvé qu'Anne-Marie et moi déménagions ensemble dans une maison de ville. Je marchais sur un chemin sinueux pour en montrer l'emplacement à un ami et, en m'approchant du terrain, je constatais qu'il ne restait qu'un trou béant entre deux autres habitations, prêt à accueillir les fondations de notre nouvelle demeure. Belle métaphore pour exprimer la phase de nidification, j'en conviens, mais je n'aurais jamais pensé une seconde que le nid serait pour un œuf de dinosaure ! Voilà donc la signification du texte que j'ai reçu en inspiration sur le balcon de mon amie un mois plus tôt. Je suis obligée d'admettre que mon canal est de plus en plus ouvert et précis.

«Mais sûrement pas cette fois!» J'ai déjà constaté par le passé que je pouvais déformer certains messages, notamment quand je suis déstabilisée émotionnellement. En fait, l'information de base reste juste, mais l'interprétation qui en découle peut être teintée de mes peurs ou de mes désirs.

Alors, que peut vouloir dire *changer de plan*, sinon la mort du corps physique?

« Je sens, dans mes cellules,
que je retourne à la maison,
et je suis en paix. »

CHAPITRE 4

La confirmation

Je passe le long week-end de mai à la campagne avec mes enfants, ma petite sœur Claude et son fils. Leur présence est comme une bouffée d'air frais dans ce printemps gris et morne. Nous avons toujours un plaisir fou à nous retrouver, mais la joie du moment est quelque peu court-circuitée par mes pensées hyperactives sur l'état de santé de mon amie. Je me lève très tôt et décide, sans m'annoncer, d'aller méditer chez Anne-Marie pendant que tout le monde dort encore à la maison. En me stationnant dans son entrée, je l'aperçois par la fenêtre de son bureau. Quand elle m'entend fermer ma portière de voiture, elle se retourne et éclate de rire.

– Je t'attendais !

Anne-Marie a pressenti mon arrivée. Elle avait autant envie de méditer à deux et elle m'appelait en pensée. Pas étonnant donc que je me pointe. La télépathie entre nous est presque devenue une ligne directe de communication !

Je la rejoins dans son bureau, qui a servi tour à tour de lieu de consultation pendant l'année qu'elle faisait du *channeling* et d'espace de création pour des émissions jeunesse. Anne-Marie a toujours entretenu un lien particulier avec les enfants. Elle en a eu quatre, et on lui a confirmé en écriture inspirée il y a quelques années qu'elle servirait de guide à la nouvelle génération, notamment avec ses talents de coordination et d'écriture pour la télé.

Nous nous assoyons face à face sur son grand tapis blanc au centre de la pièce. C'est elle qui amorce la conversation.

> – On a quelque chose à faire ensemble toi et moi. On doit montrer que la mort n'existe pas. Je sais que je vais partir bientôt.

Je sens les larmes monter spontanément. Anne-Marie reste sereine et souriante. Aucune émotion de tristesse, ce qui me déstabilise complètement. Mais je suis trop émotive pour le relever.

> – Je ne suis pas prête à partir maintenant, ajoute-t-elle, presque enjouée. Mais je sais que je ne verrai pas mes 55 ans. Peut-être même pas mes 51…

Étouffée par l'émotion, je suis sans mot… ce qui n'est pas peu dire dans mon cas ! Ma jumelle aura 50 ans à la fin juillet. Si son hypothèse s'avère, ça ne nous laisse plus beaucoup de temps.

> – J'aurais été très fâchée d'avoir un cancer du cerveau ou pire, de partir dans un accident d'auto. Je veux faire ça à ma façon et avoir le temps de compléter mes projets. On va pouvoir passer l'été à jaser toi et moi, ajoute-t-elle d'un ton assuré.

Puis, elle me demande la permission d'emprunter mon amoureux, qui est un artiste multitalent, pour lui préparer un montage vidéo de sa vie. Elle veut organiser et assister à ses propres funérailles avant de mourir! Là, je suis soufflée. Les mots se bousculent dans ma tête, les images empiètent par-dessus. Elle parle comme une femme qui n'a plus que quelques mois à vivre. Je ne peux même pas croire ce qui arrive. Elle est en train de me confirmer le message que j'ai capté en inspiration cette semaine, en plus!

Après quelques secondes de silence, entre deux sanglots, je décide de partager avec elle le contenu de mon écriture. Son sourire béat d'acceptation me déstabilise un peu plus.

– Bon, parfait, on peut se dire les vraies affaires maintenant! Je suis prête, France. Je sens, dans toutes mes cellules, que je retourne à la Maison, et je suis en paix. Ça me semble tellement naturel! En fait, je ne peux même pas te décrire la joie qui m'habite. Je touche à un état de grâce sans précédent. C'est comme si j'étais en voyage sur la Terre depuis quarante-neuf ans et que l'heure allait bientôt sonner pour que je retourne chez moi retrouver ma famille et ma véritable nature. En même temps, j'ai très peur de me faire opérer, mais je sais que je dois passer par là si je veux gagner du temps, question de tirer ma révérence avec élégance!

Je crois comprendre ce qu'elle raconte, sans toutefois le ressentir. En fait, j'ai déjà touché à la grâce moi aussi. Je raconte d'ailleurs, en conférence et en atelier, que je vis dans un état de plénitude quasi permanent depuis ma grande guérison amoureuse qui a pris fin à l'automne 2011. Mais l'état dont elle parle ce matin semble provenir d'un espace auquel je n'ai pas encore eu accès. Est-ce l'euphorie de penser qu'elle retourne à la fluidité d'une Conscience sans corps physique? Est-ce du déni? Est-ce un manque de courage à se battre contre la terrible maladie du siècle qu'est devenu le cancer et qui fait tant de ravage à nos âges critiques? Ou est-ce plutôt une nouvelle expression de son hypocondrie poussée à l'extrême qui lui fait imaginer des scénarios catastrophes? Pas la moindre idée. Mais elle exprime à voix haute ce que je n'ai pas osé lui dire dans les derniers jours, parce que j'espérais me tromper et que je ne voulais surtout pas miner son processus de guérison.

– Je te demande une seule chose, France. Occupe-toi de mon *chum* quand je ne serai plus là, O.K.?

Je murmure un petit «oui» sans enthousiasme, parce que je ne suis pas du tout rendue là dans mon processus d'acceptation. Je vais commencer par m'occuper de moi, et d'elle. Je me sens complètement anéantie par une telle prédiction, alors qu'Anne-Marie n'a même pas encore passé un seul examen pour confirmer qu'elle est peut-être, ou pas du tout, malade!

Et si on se trompait toutes les deux? Et si je captais simplement ses états d'esprit dans mon écriture, parce que son mental tout aussi hyperactif que le mien à ses heures se serait emballé devant le spectre du cancer et, par conséquent, d'une mort précipitée? Tant de questions laissées sans réponse me torturent, alors je choisis de lâcher prise. Et puisqu'on sait tous que c'est la chose la plus facile à dire et la plus difficile à faire, je le fais rarement par sagesse, mais bien par épuisement! Je n'ai plus la force de combattre, plus d'énergie pour essayer de changer le scénario qu'on s'est écrit avant qu'il ne se réalise. Je remets ça entre les mains de l'Univers, qui connaît mieux que nous le chemin de la concrétisation de notre Grand Plan.

Qu'il en soit ainsi.

CHAPITRE 5

L'interprétation

Avant d'entrer à la maison, je fais une promenade avec mon chien, question de me donner le temps de retrouver un état plus stable et de ne pas faire peur à mes enfants avec mes yeux de grenouille rougis par la tristesse. Je veux à tout prix retrouver ma paix d'esprit. «Tout un défi! Il est grandement temps de mettre en pratique ce que tu enseignes, France Gauthier. L'amour dans le détachement. Lâche prise, respire, reste dans le moment présent…»

Dès que je mets les pieds dans le salon, les enfants proposent de regarder le film *Oscar et la dame rose*. «Ah mais, c'est pas possible… La Vie en rajoute. Vraiment!»

Ce très beau roman d'Éric-Emmanuel Schmitt porté à l'écran en 2009 raconte l'histoire d'un garçon en phase terminale de cancer qui voit sa vie se transformer en conte fantastique, quelques jours avant sa mort, grâce à la présence à l'hôpital d'une livreuse de pizza excentrique toujours vêtue de rose. Je prends conscience, même si je le visionne pour la deuxième fois, que ce film ne parle pas de la mort, mais bien de la Vie. Tout au long du récit, on assiste à deux grandes guérisons.

D'abord celle de cet enfant qui se réconcilie avec le passage qu'il s'apprête à vivre vers un autre monde, mais aussi celle de cette femme acerbe qui apprend enfin à aimer en entrant dans le monde imaginaire plein de tendresse du jeune qu'elle accompagne.

En moins de deux heures, je vide la boîte de mouchoirs avec ma sœur ! Moi qui espérais me changer les idées en jouant aux cartes ou à un jeu de société léger avant d'aller prendre un bol d'air frais en montagne avec toute la bande ! Eh bien, c'est raté ! Mais il n'y a pas de hasard. Le cancer, ou toute autre maladie grave, qu'il entraîne la mort ou une rémission, est en fait une grande guérison de l'Âme. Non pas qu'Elle soit jamais malade. Figure de style, bien sûr, parce qu'on ne peut avoir mal à l'Âme. Mais c'est une façon pour notre Soi supérieur de nous montrer que notre personnalité, notre ego, a cruellement manqué d'amour-propre. Qu'on est à côté de nos pompes et qu'il est temps de mieux se traiter. Sur le plan énergétique, on peut comprendre la maladie comme une altération du flux qui nous anime. Nous sommes des rayons de lumière en exploration sur la Terre. Cette énergie d'amour, le *chi* en médecine orientale, circule en nous par des centres énergétiques et des canaux aussi appelés méridiens. En résumé, quand l'amour de soi et des autres est affecté, l'énergie circule plus difficilement. Le flux énergétique est altéré et on se rend malade.

Pour recouvrer la santé, nous devons apprendre à nous aimer inconditionnellement et à honorer notre corps comme seul véhicule qui peut nous conduire à l'ascension. En clair, il n'y a pas d'élévation spirituelle possible en reniant le corps physique. Pour se sortir de la roue de réincarnation et des souffrances de la troisième dimension, pour devenir un maître dans une vie ou dans une autre, il n'y a d'autre voie que celle du corps physique. Encore là, on a pris l'équation à l'envers. On a vu des maîtres méditer ou prier 12 heures par jour et on a cru qu'il fallait sortir du corps pour accéder aux plans supérieurs de conscience. C'est pourtant le chemin inverse qui s'impose. Il faut accepter le fait que notre corps physique sert de courroie de transmission entre la troisième dimension, celle de la dualité où tout se retrouve en opposition tels le bien et le mal, l'ombre et la lumière, et la cinquième, celle de l'unité avec notre Soi divin dans le pur Amour et la compassion. La quatrième dimension représente l'espace de transition dans lequel nous oscillons entre les tentations de l'ego et l'élan profond de sortir complètement de notre personnage pour entrer dans la pleine conscience. En clair, le terme quatrième dimension n'est qu'une expression se traduisant par un taux vibratoire plus élevé, l'impression de devenir l'observateur de sa vie et de ne plus être victime des événements ou des acteurs de notre scénario. Et tant que nous résistons à notre fabuleuse enveloppe de matière, en croyant à tort qu'elle nous alourdit, nous ne pouvons retourner à la Source. Il faut donc accepter ce qui vient avec, c'est-à-dire ses joies, ses plaisirs, ses limites, ses beautés, ses imperfections, et ce, d'un point de vue strictement terrestre, puisque, d'un angle cosmique, le corps est parfait en tout et pour chacun d'entre nous. Une autre belle confirmation de ce que je transmets en atelier… et que je tente toujours d'intégrer!

Je réussis tout de même à passer de bons moments en famille avant de retourner en ville après ce long week-end de la fête des Patriotes. Anne-Marie doit rencontrer un spécialiste de l'hôpital cette semaine. Elle sera sans doute fixée sur la suite des choses…

* * *

– Le gynécologue s'est montré vraiment rassurant, me raconte ma jumelle au téléphone. Il dit que c'est moi-tié-moitié. Cinquante pour cent de risques que ce soit un kyste bénin, cinquante pour cent que ce soit cancé-reux. Si c'est bénin, il s'agit d'une intervention mineu-re. Il évacue la masse par les voies naturelles, et je suis sur mon cheval dans un mois. Si c'est malin, il me fait une hystérectomie et je suis en convalescence pour l'été. D'une façon ou d'une autre, je vais être opérée dans deux ou trois semaines au plus tard.

Mon amie a toujours son ton enjoué. Est-elle en phase de déni ? Difficile à dire. Elle répète que peu importe le scénario, cela n'affecte en rien son état de joie profonde et qu'elle n'a jamais ressenti une si grande paix intérieure. Elle ne com-prend pas elle-même comment elle fait pour ne pas paniquer. Elle a même décidé de terminer les enregistrements télé pré-vus à son agenda et de boucler les dossiers ouverts aux Productions Juste pour Rire avant de quitter pour une période indéterminée.

– Je viens te rejoindre à la campagne vendredi. J'ai un cours d'équitation à 14 h. On pourrait manger ensemble avant.

Je lui lance spontanément cette invitation, question de provo-quer le plus de rencontres possible entre nous, au cas où la Vie nous faucherait malicieusement du temps.

La semaine file à une vitesse folle, comme toujours. J'ai beau expliquer que le mythe post-2012 du temps qui s'accélère ne fait pas aller la trotteuse plus vite sur nos montres, il n'en demeure pas moins que la sensation d'accélération, elle, est bien réelle. En fait, c'est la vitesse de manifestation de toutes nos intentions qui a décuplé dans les dernières années en raison de l'élévation vibratoire de la planète. On sème, on récolte. Instantanément, ou presque. Comme point de comparaison, on peut avancer que tout va à la vitesse de l'évolution technologique. On ne peut plus suivre tellement ça va vite! Carrément essoufflant.

Vendredi arrive en un clignement de paupières, malgré mon impatience de filer à la campagne toute seule pendant 24 heures, sans amoureux ni enfants! Un luxe que j'essaie de m'offrir de plus en plus souvent pour savourer jalousement ma solitude retrouvée. Autant j'ai pesté à une certaine époque contre cette amie des mauvais jours, autant je m'en suis fait une alliée qui m'a accompagnée dans ma guérison. En fait, la solitude m'a menée à découvrir le véritable amour de moi, et je suis toujours emballée à l'idée d'être seule quelques jours. Mais avant de profiter de ces moments d'intimité avec la personne la plus importante dans ma vie, c'est-à-dire moi-même, je vais passer un peu de temps en compagnie de ma jumelle cosmique.

En route vers la campagne, j'appelle une amie guérisseuse, qui habite sur une terre près de Québec, pour lui résumer les montagnes russes émotionnelles des derniers jours et entendre ses paroles toujours réconfortantes. Je lui fais un petit résumé des péripéties d'Anne-Marie et je lui confie le contenu du texte que j'ai reçu en écriture inspirée. Puis, sans le voir venir, je m'entends lui dire que «ma jumelle ne va peut-être pas mourir, finalement. Changer de plan en 2013, ça veut peut-être juste dire ascensionner avec son corps physique, vivre dans une nouvelle matrice et partir avec son corps de lumière au moment qu'on a choisi...»

Je ne comprends même pas ce que je viens de dire! J'entends bien les mots prononcés par ma bouche, et j'ai intégré en partie ce que le verbe « ascensionner » signifie en me voyant basculer de la troisième à la quatrième dimension dans les dernières années, mais je n'ai aucun repère dans mon vécu pour expliquer l'expérience de la cinquième et des plans supérieurs. Je n'en possède qu'une connaissance intellectuelle partielle. Je présume, par extrapolation, que la cinquième corde (autre terme pour nommer les dimensions dans l'univers) n'est qu'une fréquence plus élevée encore qui nous donne accès en permanence à notre Être véritable, au maître réalisé en chacun de nous. Ce que Jésus, Bouddha et plusieurs autres grands maîtres ont accompli au fil des âges.

Une fébrilité instantanée s'empare de moi. Après avoir salué et remercié mon amie de son écoute, j'essaie de comprendre ce qui se passe dans mon corps. J'ai accepté à force d'en faire l'expérience que mes sensations ne me trompent jamais si je ne laisse pas mon mental interférer. Or, si je suis si excitée tout à coup, c'est que j'ai eu accès à quelque chose, une parcelle de vérité qui ne provient pas d'une réflexion, mais plutôt d'une information attrapée au vol par mes capteurs sensitifs. Je me vante à qui veut m'entendre que je suis branchée wifi à temps plein avec l'Univers, comme un Télétubbie (émission de télé pour enfants) qui a une antenne sur la tête, et que je suis un canal en parole inspirée. Le seul hic, c'est que je n'écoute pas toujours les bons conseils qui sont prodigués à travers moi !

« Ben ouiiii. Ma jumelle ne mourra pas… elle va ascensionner. Et elle va le faire avant moi encore ! »

Anne-Marie a toujours une longueur d'avance sur moi. Comme si elle avait accepté de venir dans cette vie-ci juste pour me montrer le chemin. Des fois, ça m'énerve ! « Elle pourrait pas se tenir tranquille un peu ? J'ai pas juste ça à faire, moi, courir derrière!» Je souris en réalisant que nous arrivons en même temps au resto. Finalement, nous allons parfois à la même vitesse! Je trépigne d'impatience de lui transmettre ce que je crois avoir saisi en faisant la route. Avant même que je n'ouvre la bouche, Anne-Marie me lance, les yeux brillants:

– Je vais vivre!

– Je le sais!

Je n'en reviens pas, elle m'a encore prise de court. Je suis presque insultée de ne pas avoir eu le temps de lui annoncer moi-même la bonne nouvelle... mais l'heure n'est plus à la compétition!

– En fait, France, c'est plus que juste une impression que je vais guérir. Je suis en train de toucher à la compréhension que tout mène à la Vie. Il n'y a pas de mort. C'est une illusion. Je ne sais pas comment l'exprimer en mots, mais ma sensation de joie est extatique. Tout ce que je peux te dire, c'est que je m'en vais vers la Vie... peu importe ce qui arrivera. Si je reste ici, je vis. Et si je meurs, je vis aussi. Je l'ai toujours su et compris d'un point de vue intellectuel, mais là je le sens dans mon corps. Dans tout ce que Je Suis. Ce n'est plus une hypothèse, c'est une connaissance profonde qui m'est révélée par l'expérience de la maladie!

Je ne peux que me rallier à son analyse, même si elle y ajoute le bémol que tout cela pourrait encore se traduire par une mort prématurée. Le changement depuis la semaine dernière, c'est que maintenant je suis prête à l'entendre... Juste pour ne pas lui mettre trop de pression pour l'instant!

« Le médecin m'a dit
qu'il était content de lui...
mais j'ai vu dans son regard
qu'il était inquiet... »

CHAPITRE 6

L'opération

Le téléphone sonne à 6 h 30.

Une voix de message automatisé se fait entendre : « Vous avez un message texte d'Anne-Marie Séguin : Hi, hi, hi, hi, hi... sourire ! »

Je ne savais même pas qu'on pouvait envoyer un texto sur une ligne résidentielle. En plus, y'a juste Anne-Marie pour appeler chez moi aussi tôt ! Mais je lui pardonne. Elle se fait opérer ce matin et c'est sa façon de me dire qu'elle va bien. « La Vie a le sens de l'humour », comme elle se plaît à le répéter constamment.

Je médite en plaçant mon intention que tout se déroule pour le mieux. « Merci aux médecins de la débarrasser de cet envahisseur en causant le moins de dommages collatéraux possible ! Mais tout est parfait », que je me répète intérieurement. Évidemment que ça va bien aller. Et Thomas est là en plus. Ma jumelle a un grand sens du *timing*. Elle a inconsciemment choisi d'être en convalescence à partir de juin, alors que son formidable mari, un enseignant du cégep (collège), commence ses vacances. Et moi, j'avais déjà décidé,

peut-être un peu par prémonition, de passer l'été à la campagne pour écrire. Elle se retrouvera donc avec deux infir-
miers-cuisiniers à portée de main pour la dorloter, sans compter ses quatre enfants, sa mère et ses nombreux amis qui vont
venir la visiter et la traiter aux petits oignons. Je souris devant
l'évidence qu'elle a orchestré tout cela d'un autre plan en parfait synchronisme avec nos emplois du temps respectifs. « Du
grand Anne-Marie. Tout est réellement parfait ! »

La journée passe doucement et je me surprends à ne pas
angoisser pour ce qui pourrait se produire dans la salle d'opération. On dirait que ma jumelle a réussi à me transmettre son
détachement face au diagnostic et à l'intervention. « Cancer
ou pas, elle va en sortir guérie. Je ne veux pas penser à aucune
autre éventualité. Rien ne sert d'appréhender l'avenir, il
n'existe pas encore. »

Durant ces périodes chargées émotionnellement, je me perds
encore plus dans mes réflexions qu'à l'habitude. Puis, je me
prends en flagrant délit de ne pas être présente à ce qui se
passe ici, maintenant, pour mieux repartir dans ma tête et me
ramener inlassablement au moment présent à chaque distrac-
tion. Ce qui fait que je travaille à temps plein pour entraîner
mon mental à lâcher le contrôle. Et une grosse partie de l'effort vient du fait que je doive toujours penser à ne pas penser.
Beau paradoxe !

Mon esprit vagabonde à nouveau. « En réalité, le temps n'est
qu'une succession de moments présents qui n'existent déjà
plus, puisqu'à chaque pensée le dernier moment présent a
cédé sa place au nouveau, qui n'est déjà plus là. Et ainsi de
suite… à l'infini. Ouf, on peut vraiment devenir fou à essayer
de saisir le temps qui fuit. O.K., moment présent, France,
moment présent… »

Thomas appelle enfin.

– Allo, France! Je me doute que tu dois attendre impatiemment des nouvelles de ton amie. Je veux juste te dire que l'opération est terminée. Ç'a été plus long que prévu, je n'ai pas vu le médecin encore, alors je t'en dirai plus long ce soir. Elle est en salle de réveil, je n'ai pas accès…

J'ai déjà arrêté d'écouter. «Plus long que prévu? Ça veut dire que c'est cancéreux!»

Je suis un as pour sauter aux conclusions. Vieux réflexe de journaliste. On s'en doutait, il y avait quand même cinquante pour cent de risques que le méchant crabe ait élu domicile dans le petit ventre d'Anne-Marie, mais bon, j'aurais quand même aimé l'entendre me dire qu'elle serait à l'écurie avec moi dans le temps de le dire. Je remercie Thomas de sa délicatesse, car je sais qu'il a plein d'autres personnes à rassurer, alors je ne pose pas plus de questions pour l'instant. Et il faut que je digère l'information à petites doses.

Il rappelle vers 21 h.

– France, j'ai parlé au chirurgien. C'est une forme de cancer qu'il n'a jamais vu et ce n'était pas logé sur l'ovaire comme il le croyait. Son collègue et lui ont extrait la masse qui semblait collée sur l'utérus. Ils lui ont fait une hystérectomie complète et ils ont enlevé une partie d'intestin et de vessie. Je t'avoue que je suis en état de choc…

«Moi aussi, mon ami. Moi aussi.»

Nous attendons Thomas en silence. Il va venir dormir chez nous quelques soirs pour éviter les allers-retours à la campagne le temps qu'Anne-Marie sera à l'hôpital. Quand il arrive enfin, les enfants sont déjà au lit. Je le serre longuement dans mes bras pour le réconforter un peu, mais aussi parce qu'il n'y a rien à dire. Stéphane lui offre un verre de vin et, me doutant qu'il n'a pas pris le temps de souper, je sors les fromages et des canapés. Je pose la première question :

– Et toi, Thomas, comment te sens-tu ?

– Ça va. Je suis fatigué, mais ça va.

Puisque Anne-Marie ne fait jamais les choses à moitié, elle a marié un maître. Un homme tout simplement bon et rayonnant comme un gros soleil. Thomas ne se plaint jamais. Pas plus qu'il ne critique ou ne juge qui ou quoi que ce soit. Un exemple vivant de la quatrième dimension qui m'a enseigné, sans le savoir, les rudiments de la maîtrise. J'aime bien raconter que je n'ai rien inventé dans la vie, que je suis plutôt la reine des copieuses ! Je regarde agir ceux qui m'inspirent, quand ils ont trouvé une façon de faire différente qui semble leur apporter bonheur et joie, et je fais pareil. Thomas a été à cet égard un guide pour m'aider à atteindre ce premier niveau de maîtrise tant convoité. Égal à lui-même, il semble traverser cette épreuve avec tant de sérénité qu'il m'impressionne encore. Je m'impressionne moi-même, en fait. Parce que, je le répète, « non-souffrance » n'égale pas automatiquement « absence d'émotion ». L'émotion brute est un senseur qui nous permet de savoir où l'on se situe dans l'expérience. La joie, par exemple, nous indique toujours qu'on est à la bonne place, peu importe ce qu'on est en train d'expérimenter. La tristesse, quant à elle, nous montre qu'on est touché par un événement ou un être, mais elle n'a pas à se manifester par de la douleur.

On peut pleurer sans souffrir. On peut se sentir triste sans tomber dans la peine qui y est associée. Comment? Notamment en respirant consciemment dans l'émotion, sans tenter de la fuir. Thomas m'a dit un jour, alors que je lui parlais et que je le sentais préoccupé: «Je ne peux pas t'écouter en ce moment France, je *processe* une émotion.» J'ai adopté l'expression! Chaque fois que je vis une émotion vive, je tente de la «traiter», comme un ordinateur traite une information, en observant ce que mon corps ressent. Je sais que l'émotion ne m'appartient pas, alors je la regarde arriver dans mon plexus, je respire dedans et je la laisse repartir. Je ne suis pas encore à une respiration du bonheur, ce qui est le cas pour les grands maîtres paraît-il, mais j'y travaille! C'est ce que j'entends par espace de non-souffrance. Évidemment, cela prend du renoncement. Et beaucoup d'amour. L'amour de soi avant tout, et de tout ce qui Est. J'admire Thomas pour cette raison, et plusieurs autres dont le fait qu'il prend soin de mon amie comme personne. Et présentement, je veux simplement entendre ses sages paroles.

– Le médecin m'a dit qu'il était content de lui. Il a enlevé tout ce qu'il pouvait. Mais j'ai vu dans son regard qu'il était inquiet, ce qui ne m'a pas rassuré tellement moi non plus. Il m'a avoué qu'il n'avait pas pu intervenir sur une autre partie de l'intestin atteinte. Va falloir attendre les résultats d'analyse pour savoir ce que c'est. Mais comme dirait ma blonde: «La vie, tout comme la mort, mène à la Vie.» Alors, je choisis la Vie!

Qu'est-ce que je vous disais? Sage maître Thomas!

On s'installe au salon pour discuter tranquillement tous les trois pendant une bonne heure. On pleure, on rit aussi, parce que «la Vie a le sens de l'humour», on boit la bouteille au complet (eh oui, les petits maîtres comme nous se permettent encore de boire du vin… les grands aussi puisque Jésus en buvait!), et quand tout ce qui peut être nommé l'a été, on monte se coucher.

La nuit va peut-être nous permettre d'intégrer un peu plus la notion de détachement dans le respect de l'expérience de ceux que nous aimons.

CHAPITRE 7

555

J'ai encore très mal dormi. Un sommeil agité, ponctué de rêves dont je n'ai pas souvenance qui m'ont laissée dans un état étrange. J'ai très hâte de voir mon amie, mais je vais la laisser venir à moi. Le soir même, Thomas téléphone vers 18 h.

– Anne-Marie veut te voir, France. Peux-tu venir à l'hôpital ? Elle est à la chambre 555.

« 555 ? Incroyable ! »

Il faut que je vous dise. J'ai un TOC avec les chiffres, surtout les chiffres alignés. Depuis trois ans, j'en vois partout, tout le temps. Une vraie blague, comme si la Vie m'inondait de clins d'œil pour confirmer une pensée, une sensation, une perception du moment. Dès que je pose mes yeux sur une plaque automobile, une affiche ou un écran quelconque, je vois trois chiffres alignés et plus. Immanquable. Je me suis longtemps passionnée pour les maths. Je trouve que c'est la poésie qui peut le mieux expliquer l'Univers, alors je présume que c'est une des façons que mon Soi supérieur a choisies pour me parler ! Vous allez peut-être me trouver bizarre

43

(je sais, je ne suis pas à une bizarrerie près!), mais je ressens une émotion chaque fois que je vois un alignement de chiffres. Je trouve ça beau! Parfois, je vois tellement de chiffres alignés dans une seule journée que j'éclate de rire en levant les yeux au ciel pour remercier. Parce que chaque chiffre a une signification pour moi et je l'interprète comme une forme de confirmation. Par exemple, le chiffre 5 représente le changement. Et un alignement de 5 vient me confirmer que de grands changements s'opèrent. Une transmutation même. Or, j'ai commencé à voir des 555 partout depuis quelques semaines. J'en ai parlé à Anne-Marie récemment, tellement c'est intense. Elle s'est exclamée en rigolant qu'elle voyait aussi des 555 sans arrêt! Il n'y a pas de hasard, elle s'est même fait opérer le mercredi 5 juin. Je suis moi-même un 5 en numérologie et ceux qui portent ce chiffre sont des agents de changement, semble-t-il, qui ont besoin d'une grande liberté pour le provoquer. Ça me décrit assez bien, je l'admets.

En me rendant à l'hôpital, je me sens très fébrile. Une sorte de peur conditionnée à l'idée de trouver ma jumelle affaiblie et souffrante. C'est très déstabilisant de constater qu'elle n'était pas malade hier matin et qu'aujourd'hui, elle a un cancer d'extraterrestre! Mais on est accompagné sur ce chemin, et le court trajet en auto me le prouve. En dix minutes, je vois pas moins de 5 plaques avec des chiffres alignés, sans n'en regarder aucune autre. Le mécanisme est toujours le même. Je suis absorbée dans mes pensées, je ne vois que la route, et tout à coup mon regard est attiré par une voiture dont la plaque comporte au moins trois chiffres identiques. Complètement fou!

En entrant dans le stationnement, je me concentre pour prendre mon billet et la première plaque que je vois derrière la guérite affiche un autre 555! «Mais comment est-ce possible? Il y a tout au plus une chance sur mille que je trouve une seule voiture ici avec un 555. O.K. Je lâche prise, une grande transmutation est en cours. Je me laisse guider. Merci la Vie!»

La chambre du 5e étage compte deux occupants. Anne-Marie est alitée du côté de la grande fenêtre qui donne sur les montagnes de la Montérégie. J'aperçois d'abord Thomas, assis sur la chaise des patients, qui me sourit. Puis je découvre mon amie, enfoncée dans son lit, la tête un peu penchée et les yeux fermés, l'air endormie. Elle m'apparaît encore plus menue qu'en temps normal, perdue dans sa grande chemise bleue d'hôpital. Le plus saisissant, c'est qu'elle est intubée de partout. Un tube dans le nez, un soluté dans le bras, un drain sur sa cicatrice et une sonde. J'ai déjà vu des grands malades, mais c'est toujours impressionnant de voir une personne qu'on aime se retrouver aussi amochée.

Anne-Marie ouvre les yeux et me sourit péniblement, sans parler.

– Allo ma belle amie. Est-ce que tu as mal?

Mon amie prend une respiration, comme pour se donner un élan, et me répond un «non» guttural avant d'enchaîner d'une voix presque inaudible:

– Je ne peux pas parler beaucoup à cause du tube dans mon nez.

Thomas m'explique que le personnel médical a dû l'intuber pour drainer les sécrétions dans son estomac qui lui donnent des nausées. Mais il n'y a pas lieu de m'inquiéter, c'est une procédure assez courante après une intervention de ce genre.

– As-tu l'impression d'avoir le tunnel Hippolyte-La Fontaine dans le nez ?

C'est plus fort que moi, il faut toujours que je dise une niaise-rie pour dédramatiser des situations extrêmes comme celle-ci, question de ne pas tomber dans le cynisme. Anne-Marie se contracte pour étouffer un éclat de rire et me fait un signe de tête que oui, pointant simultanément son ventre en guise de «arrête ça, innocente, ma cicatrice va s'ouvrir !». Elle n'a pas besoin de parler, je comprends depuis longtemps son langage corporel.

Thomas, qui est toujours d'une grande délicatesse, se lève pour nous «laisser entre jumelles» quelques minutes. Il sait qu'Anne-Marie veut me parler seule à seule. Dès qu'il met les pieds en dehors de la chambre, mon amie me prend la main et la serre le plus fort qu'elle peut.

– Je ne fais pas les affaires comme tout le monde, tu le sais. Imagine, un cancer qu'ils n'ont jamais vu !

Là, c'est moi qui lui serre la main, le regard rempli de com-passion.

– Je veux que tu t'occupes de Thomas, me répète-t-elle pour la deuxième fois en quelques semaines, en plissant les yeux comme si elle allait se mettre à sangloter, sans que rien ne coule.

Elle m'explique qu'elle voudrait tellement soulager sa peine en pleurant, mais qu'elle en est parfaitement incapable, comme si l'opération avait tari son réservoir de larmes. Eh bien, j'ai des petites nouvelles pour vous, pas le mien! Je pleure pour nous deux longuement avant de lui promettre que je veillerai sur son amoureux. Mon cerveau cherche aussitôt à trouver un élément positif dans toute cette affaire.

– Dès que tu sors d'ici, on s'installe à la campagne. Je te jure qu'on va se payer un bel été au bord du lac avec les enfants et nos chiens. Et je te traîne à l'écurie dès que tu peux marcher. Je te pousserai en fauteuil roulant, s'il le faut!

– Je passe à travers l'été, et c'est tout.

Sa réponse me prend totalement par surprise. Je m'essuie à nouveau les yeux. C'est là qu'elle veut en venir en me redemandant de prendre soin de son mari. Elle abandonne. Elle ne veut plus vivre. En deux semaines, elle est passée de la mort à la vie à la mort à nouveau. Mais ce soir, ça se comprend. Après avoir survécu à une chirurgie invasive et un diagnostic de cancer rare qui s'est répandu sur plusieurs organes, je n'ai pas envie de répliquer. On s'obstinera un autre jour!

Je lui caresse le bras. Plus le goût de parler. Thomas revient au bout de 15 minutes. Nous nous assoyons des deux côtés du lit pour lui prendre chacun une main. Nous restons là, de longues minutes, en silence. Anne-Marie garde les yeux fermés pour combattre le mal de cœur. Au bout d'un moment, sa maman arrive à l'improviste. Je vois dans les yeux de ma jumelle qu'elle aurait préféré lui épargner cette scène « d'horreur de guerre » encore quelques jours. Elle sait que voir son enfant dans un si piteux état laisse des marques. Mais

on ne peut empêcher une mère d'aimer et de se porter au chevet de sa fille dans de telles circonstances.

Thomas et moi les laissons seules quelques instants. Ça nous
donne le temps de discuter un peu.

– C'est quoi le vrai pronostic, Thomas ?

– Je ne le sais pas, mais le médecin a été très honnête
cet après-midi. Il a admis qu'ils ont perforé sa vessie en
enlevant les cellules cancéreuses et endommagé le nerf
principal qui alimente sa jambe droite. Elle ne peut
plus la plier. On peut présumer que la suite ne sera pas
de tout repos. Pour l'instant, il faut qu'elle reprenne
des forces, mais je ne crois pas qu'elle puisse sortir de
l'hôpital dans les délais prévus.

Je prends tout à coup conscience de la gravité de la situation.
Un obus lui aurait atterri dans le bas du ventre qu'il n'aurait
pas causé plus de destruction massive ! Et Anne-Marie, qui
devait obtenir son congé quelques jours après l'opération,
devra prendre son mal en patience.

On ne peut que s'en remettre à sa volonté. Celle de se guérir… ou de partir.

CHAPITRE 8

L'amitié

Le samedi matin, avant de partir à la campagne seule avec ma fille pour célébrer son anniversaire, je fais une visite surprise à mon amie. Thomas est allé dormir chez lui, question de récupérer un peu et d'assurer le changement de garde pour leur chien. Puisqu'il ne sera pas de retour en ville avant la fin de la journée, je prends mon iPod, des écouteurs et quelques trucs que je veux prêter à Anne-Marie pour la distraire pendant ses moments de solitude. Et surtout, pour lui procurer un peu d'intimité. On a beau avoir un des meilleurs systèmes de santé au monde, partager son espace dans une petite chambre avec un parfait inconnu et de nombreuses infirmières, des préposés et d'autres membres du personnel médical, aussi dévoués et aimants soient-ils, ce n'est pas de tout repos. La musique va donc aussi lui permettre de s'isoler en camouflant les bruits ambiants.

Je ne sais pas pourquoi, mais je suis tout excitée d'aller voir ma jumelle. Pourtant, ce n'est pas la meilleure période de sa vie. Je décide de ne pas chercher le pourquoi de cette effervescence et je saute dans ma voiture. Je repense à jeudi soir, quand je suis revenue de l'hôpital après les heures de visite. Il commençait à faire noir et j'écoutais distraitement la radio quand j'ai vu devant moi, à un feu rouge, deux plaques l'une à côté de l'autre immatriculées avec des chiffres alignés... 555 et 444. «Hallucinant!» J'ai souri et, au même moment, j'ai pris conscience des paroles de la chanson qui jouait depuis quelques minutes sans que j'y porte attention. «*Only know you love her when you let her go...*» (*Passenger, Let her go.*) J'ai attendu au deuxième refrain pour être certaine d'avoir bien entendu, et j'ai éclaté en sanglots.

On dirait que tout l'Univers s'est mobilisé pour que je lâche le morceau. Vivre, mourir, nous le savons elle et moi, c'est une grande illusion. «Rappelle-toi, France, *On ne meurt pas.*» J'ai beau avoir écrit un livre des plus convaincants qui porte ce titre, je résistais encore. Je n'étais pas prête à laisser partir ma jumelle, ma véritable douce moitié (si ce concept existe!), l'amie qui m'accompagne depuis les premiers balbutiements de mon éveil spirituel, celle qui m'a tenu la main dans mes interminables tempêtes d'émotions, ma voisine de campagne, ma partenaire d'écurie, ma complice de tous les instants... et j'en passe.

Pourtant, aujourd'hui, tout semble différent. Dans cette épreuve, je ressens un sentiment d'union que je n'ai jamais connu auparavant avec aucun autre être humain. Je me sens unie à Anne-Marie. J'ai la sensation réelle qu'on ne fait qu'Un, elle et moi. En écriture, on m'a montré l'image d'un champignon nucléaire qui se rétracte pour retourner à son état initial d'atome et on m'a transmis que nous vivions «*un grand moment d'unité, une fusion des flammes jumelles, symbole du Un dans ce grand Tout. Cette fusion, qui a été au cours des âges recherchée par les plus grands mystiques, cette notion ésotérique que tous les chercheurs de vérité tentent de comprendre, vous la vivez. Votre Âme Une, cellule unique et branche du Tout se fusionne pour vous amener dans un autre plan par une propulsion aussi puissante*

que la fission atomique. En fait, il faille imaginer le chemin inverse,
celui de la reconnexion des particules. Le noyau scindé se ressou-
de…»

Comme c'est souvent le cas avec les messages que je reçois en
inspiration, je ne comprends pas tout avec ma tête ce que je
viens d'écrire (ça sonne même un peu prétentieux!) mais je le
ressens dans mon corps, ce qui me suffit pour l'instant. Peu
importe la suite des choses, nous resterons soudées dans
l'énergie.

Jamais je n'ai autant savouré le moment présent. Pour la première fois, le ici et maintenant est réellement parfait.

* * *

Je trouve mon amie assise dans son lit, lunettes au bout du
nez, en train de lire une revue à potins! «N'importe quoi!
Elle qui était à l'article de la mort y'a pas 36 heures, voilà
qu'elle se régale des péripéties amoureuses de nos
vedettes?» Un autre point qui nous distingue, moi qui n'ai
pratiquement jamais lu un magazine féminin ou populaire de
ma vie. En temps normal, j'aurais passé un commentaire sarcastique du genre «hautement intellectuel comme lecture de
chevet!», mais dans les circonstances, je me contente d'éclater de rire.

– Ça va bien? D'après moi, tu ne vas pas mourir
aujourd'hui!

– Je sais ce que tu penses, Gauthier, et je t'interdis de
me juger. Ça me détend de lire des magazines, me
répond-elle d'une voix enjouée, avec son sourire de
lutin retrouvé.

Tout un revirement, quand même. Anne-Marie a presque l'air
en forme ! Si elle n'avait plus de cathéter dans le nez, on ne
pourrait même pas dire qu'elle vient d'être opérée ! Je sors le
iPod de mon sac et je le brandis devant elle dans le but avoué
de voir son regard s'illuminer.

> – Ouiiii ! Je vais pouvoir écouter de la musique ? T'es
> trop fine, mon amie ! Comment ça marche ?

Sur ce point, par contre, Anne-Marie et moi nous ressem-
blons pas mal. Deux « technouilles », comme le déclarent haut
et fort mon amoureux et mes ados ! Si je n'avais pas reçu ce
gadget numérique de Jimmy, mon ex-conjoint maniaque de
nouvelles technologies, je ne saurais pas non plus le faire fonc-
tionner. Je prends quelques minutes pour lui montrer comment choisir la musique qu'elle veut écouter, qui est toute
classée par fichiers : méditation, québécois, tounes de filles,
mix de mon mariage, *feel good songs*…

> – Tiens, Anne-Marie, on va essayer celui-là. De la
> musique qui fait du bien, ça devrait être bon pour toi !

Je m'assois sur le bord du lit incliné à 45 degrés et je me
penche vers mon amie pour lui remettre l'un des deux écouteurs. Je garde l'autre, que j'insère dans mon oreille droite. Je
veux vérifier que tout fonctionne bien et que le son n'est pas
trop fort. Quand j'appuie sur aléatoire pour que le iPod sélec-
tionne une des 80 chansons qui se retrouvent dans ce fichier,
nous sommes toutes les deux renversées par la magie des syn-
chronicités. Il y a assurément un chef d'orchestre qui dirige
d'en haut… ou Dieu est lui-même le DJ !

When you're down and troubled
And you need a helping hand
And nothing, nothing is going right
Close your eyes and think of me
and soon I will be there
to brighten up even your darkest night

You just call out my name
And you know where ever I am
I'll come running to see you again
Winter, spring, summer or fall, all you have to do is call
And I'll be there, yeah, yeah, yeah, you've got a friend…

(*You've got a friend*, de James Taylor)

Lorsque tu es abattu et troublé
Et que tu as besoin d'un coup de main
Et que rien, vraiment rien ne va plus
Ferme tes yeux et pense à moi
Et bientôt, je serai là
Pour égayer la plus sombre de tes nuits.

Tu as juste à dire mon nom
Et tu sais, peu importe où que je sois
Je viendrai te voir en courant
Hiver, printemps, été ou automne, tout ce que tu as à faire
est d'appeler mon nom
Et je serai là, oui, oui, oui, tu as un ami…

(*Tu as un ami*, de James Taylor – traduction libre)

Je suis si émue que je n'ose pas trop regarder ma jumelle. Avant d'arriver au deuxième couplet, je la vois fondre en larmes, puis éclater de rire entre deux sanglots, puis recommencer à pleurer comme un enfant.

> – Je n'avais pas réussi à pleurer depuis l'opération. J'te jure, j'pensais que j'avais plus de larmes. Je commençais même à croire que les chirurgiens m'avaient fait une ablation des glandes lacrymales en même temps, marmonne-t-elle avant d'éclater de nouveau en sanglots… puis de se remettre à rire !

Quel soulagement ! Enfin, elle pleure. Tout le monde pleurait à ses côtés depuis quatre jours, mais elle, rien du tout. Même pas les yeux humides. Si les larmes sont en réalité la manifestation physique d'un trop plein d'amour non exprimé ou réprimé, comme on nous l'a transmis, la bonne nouvelle c'est que mon amie a encore le cœur rempli d'amour ! En plus, le sentiment de libération que ça lui procure va créer le climat favorable à une grande guérison émotionnelle pendant le week-end…

CHAPITRE 9

La petite histoire d'Anne-Marie

Je réfléchis pendant tout le trajet en auto. «Comment est-ce qu'elle a pu développer ce type de cancer? Pourquoi l'utérus? C'est sûrement relié à sa féminité? Ou à sa maternité? Depuis combien de temps est-ce que le crabe grandit dans son ventre? C'était quoi l'élément déclencheur? Est-ce que ça date de son épuisement de l'été 2011?»

Tant de questions sans réponses, parce qu'il me manque des éléments. Je me rappelle que la maladie survient pour sonner l'alarme quand on s'est renié à un moment donné en chemin et qu'on a bafoué son essence. Qu'on en soit conscient ou pas, le manque de reconnaissance de soi provoque des émotions vives qui se logent dans nos corps subtils et demandent notre attention pour être dissoutes. La colère réprimée et nourrie par des paroles ou comportements agressifs après une séparation ou un congédiement, par exemple, contribue à développer un terrain propice aux maladies graves. Pour comprendre comment «on se fait pousser» un cancer ou une autre pathologie, sans se culpabiliser bien sûr, on peut revoir sa propre histoire de vie et entrer ensuite dans un chemin de reconnaissance de soi. Nous reviendrons ultérieurement sur notre responsabilité en tant que créateurs jusque dans la maladie et la mort. Mais disons pour le moment que nous créons notre réalité à chaque instant, choisissant en tout premier lieu de nous réincarner dans un contexte familial qui va nous permettre de rencontrer chacun de nos thèmes karmiques et les blessures qui y sont associées pour mieux les guérir et atteindre la maîtrise. Voilà l'ultime rédemption des êtres humains.

Anne-Marie est consciente de ce fait depuis l'enfance, période pendant laquelle elle a amorcé sa grande quête de vérité pour apaiser ses nombreux malaises existentiels. Née à la fin juillet 1963, ma jumelle a été élevée dans une famille monoparentale plutôt dysfonctionnelle, bien que pleine d'amour, ce qui a établi très jeune les bases de ses structures émotionnelles. À une époque où peu de gens défiaient l'Église, ses parents athées se sont divorcés alors qu'elle n'avait pas encore sept ans. Seule fille, coincée en sandwich entre deux frères, elle a vite fait l'équation dans sa petite tête qu'elle devait devenir responsable et s'occuper du plus jeune pendant que maman travaillait trop fort pour arriver à payer toutes les factures.

Anne-Marie a connu très tôt le sentiment de culpabilité. À huit ans, elle avait déjà interprété que le malheur de ses parents devait être en partie de sa faute. Dans un élan visant à sauver la situation, elle a voulu prendre en charge le bonheur de sa mère en inversant les rôles, une responsabilité beaucoup trop lourde pour ses petites épaules. Sous tant de pression, elle a appris à mentir pour sauver les apparences et à piquer de saintes colères pour attirer l'attention, ce qui n'aidait en rien sa cause. La mère d'Anne-Marie, une femme avant-gardiste à l'humour caustique, aime bien raconter que «sa fille est une vraie lionne qui est née enragée en rugissant à pleins poumons», comme si elle appréhendait une destinée plutôt houleuse. Pour retrouver son équilibre, ma jumelle allait souvent s'asseoir au pied d'un arbre dans la forêt ou se rendait seule à l'église converser avec Dieu et «lui demander pardon de ne pas être une bonne petite fille»! Et puisque parler avec ses amis du ciel était normal, elle ne réalisait pas encore à cet âge qu'elle était médium jusqu'au bout des ongles... jusqu'à ce qu'on se moque d'elle à 10 ans. Pour éviter les railleries de ses frères, Anne-Marie a alors commencé à retranscrire toutes ses conversations avec l'invisible dans un journal intime, ce qu'elle fait encore à 50 ans!

Ma jumelle a donc grandi dans un contexte instable, se promenant d'une demeure à l'autre, parfois même d'une région à l'autre si un nouveau prétendant de sa mère l'exigeait. Ce qui a créé, à l'adolescence, un sentiment d'insécurité profonde qu'elle combattait en se montrant forte et imperturbable. Ces nombreux déménagements, qui la déracinaient chaque fois de son voisinage et la séparaient de ses nouveaux amis, ont inscrit en chacune de ses cellules la croyance que la stabilité n'était pas une valeur pour elle. Ne voyant son père pharmacien qu'un dimanche sur deux, et ça quand il pouvait se pointer au rendez-vous dominical, elle a cruellement cherché l'amour de cet homme, qui pourtant aimait ses enfants. Mais pour engourdir la douleur de l'échec relié au divorce, il avait choisi l'absence comme principal analgésique.

Devenue une jeune adulte, Anne-Marie a répété le modèle de ses parents en vivant des relations amoureuses tumultueuses qui se sont toutes terminées par une séparation, mais qui lui ont apporté le plus beau des cadeaux: la maternité. À 25 ans, sa famille était complétée avec quatre beaux enfants nés de trois pères différents. Je dis toujours à la blague: «C'est bien parce que les derniers sont des jumeaux, parce que sinon, ç'aurait été quatre pères!», ajoutant, pour me faire pardonner, qu'elle m'a enseigné les rudiments du non-jugement. Disons que c'était sa façon de montrer aux hommes de sa vie qu'elle les aimait. Mais dès qu'un semblant de stabilité voulait s'installer, elle se sauvait en courant!

Après la naissance de son unique fille, Anne-Marie s'est effondrée. Souffrant d'une dépression post-partum grave, elle a dû demander au père, qu'elle avait quitté pendant la grossesse, de prendre soin de leur enfant. Les jumeaux sont arrivés par surprise moins de deux ans plus tard. Anne-Marie, qui en avait alors plein les bras, faisait du mieux qu'elle le pouvait pour s'occuper de sa fille. Refusant de l'envoyer à la garderie, elle en prenait soin le jour, et la fillette retournait chez son père le soir. Les années ont passé et Anne-Marie ne l'a jamais reprise sous son toit. Cet élément déterminant a marqué la suite des choses pour ma jumelle. Elle a tellement souffert du sentiment d'avoir abandonné sa fille, qu'elle ne s'en est jamais complètement remise. La culpabilité est devenue son amie des mauvais jours et, insidieusement, elle a entretenu un terrain propice au cancer, jusqu'à ce qu'il envahisse son petit ventre et menace de l'emporter vers un autre monde.

On pourrait écrire un livre complet sur la vie d'Anne-Marie, tellement elle est riche en péripéties et rebondissements de toutes sortes. Mais le but du présent exercice est plutôt de voir comment les événements de notre enfance établissent les fondations de notre avenir. Grâce à une force de caractère inouïe forgée dans sa jeunesse, mon amie a réussi à surmonter tous les obstacles. Elle a notamment suivi une psychanalyse pour comprendre pourquoi elle n'arrivait pas à connecter avec son enfant. Elle a réalisé sur le divan que mettre au monde une petite fille l'amenait à revivre les peines de sa propre enfance, dont elle s'était coupée volontairement pour ne plus souffrir. Le miroir que lui envoyait son bébé naissant reflétait une image qu'elle ne pouvait plus voir, et son seul réflexe de survie a été de confier sa fille à son père qui pourrait, selon sa croyance du moment, encore mieux en prendre soin. La thérapie, qui a duré plus de quatre ans, lui a également permis de se sortir d'un cercle vicieux de pauvreté, «parce qu'il fallait bien payer la psy»!

Anne-Marie a donc cumulé deux emplois dans une école secondaire pendant quelques années, question de nourrir tout son clan et de lui offrir une jolie maison dans un environnement chaleureux et stable. Il n'était plus question de répéter le scénario de son passé et de déménager au gré de ses humeurs, comme l'avait fait sa mère. Un premier contrat de recherchiste en télé est enfin arrivé comme un baume pour lui permettre de gagner sa vie décemment tout en s'amusant... et aussi, pour provoquer notre rencontre!

Mais toutes ces blessures ont laissé des marques indélébiles et fait d'Anne-Marie une survivante, avec tous les comportements destructeurs que cela a entraînés. J'ai vu mon amie mener deux ou trois contrats de front pendant des années, parce que son insécurité financière de pigiste ne laissait aucune place au relâchement ni même aux vacances.

Il aura fallu un cancer pour la ralentir, voire la libérer complètement du stress et de la pression de devoir être une survivante.

«Je ne parle pas de la maladie physique,
mais bien de la maladie mentale
qui s'appelle la CULPABILITÉ!»

CHAPITRE 10

Pardon et rédemption

J'ai passé le week-end à faire toutes les activités dont ma grande de 13 ans avait envie. C'était sa fête, après tout! Équitation, baignade, brunch au resto, film de filles… Mais ce n'était que le glaçage sur le gâteau, parce qu'au fond elle n'avait qu'un seul désir pour son anniversaire: aller voir Anne-Marie à l'hôpital!

Avant de quitter les montagnes de l'Estrie, j'appelle ma jumelle pour lui demander si nous pouvons lui rendre une visite éclair, le temps de lui faire un câlin.

– Bien sûr, répond-elle sans hésitation, sachant d'emblée que c'est le souhait le plus cher de sa *best*!

Je sens dans sa voix que ça va de mieux en mieux. Elle ne courra pas le marathon demain matin, on s'entend, mais elle pourrait peut-être obtenir son congé en début de semaine! Anne-Marie m'étonnera toujours. Combien de revirements spectaculaires ai-je vécus avec elle en quinze ans? Combien de fois m'a-t-elle surprise en changeant de cap complètement pour un nouveau contrat, une nouvelle maison, une nouvelle passion, un nouvel amoureux ? Alors, pourquoi ne pas faire aussi un 180 degrés avec la maladie ?

Nous arrivons à l'hôpital vers 17 h, juste avant le repas. Mon amie est resplendissante malgré les circonstances. Elle a eu des visiteurs tout le week-end en plus. Pour des gens hyper sociables comme moi, c'est une cure en soi, mais pas pour Anne-Marie. Elle a toujours eu un immense besoin de solitude. Un peu sauvage sur les bords, elle préfère de loin être seule avec ses chiens ou ses chevaux que de recevoir de la visite ! Gros paradoxe d'ailleurs, parce qu'elle a une tonne d'amis et une grosse famille. Je la sens pourtant sereine et pleine d'énergie, alors qu'elle devrait en temps normal être épuisée d'avoir entretenu la conversation pendant deux jours malgré ce tuyau qui lui traverse le nez et la gorge !

Ma fille s'approche du lit en premier. Ne voulant rien brusquer, elle demande gentiment la permission d'embrasser la convalescente et dès qu'elle en reçoit l'autorisation, elle l'enlace longuement, la tête collée contre son cœur. Nous jasons un peu toutes les trois, notamment du fait qu'Anne-Marie a été très souffrante physiquement dans les deux derniers jours. Ses intestins, sa cicatrice, sa vessie endommagée et sa jambe droite lui faisaient mal… Et pour en rajouter, elle ne tolère pas les médicaments ! Pourtant, ma jumelle est tout sourire. Quelle résilience ! Je la regarde avec bienveillance et, surtout, avec admiration.

Anne-Marie s'informe de notre week-end à la campagne. Elle semble réellement heureuse d'offrir ce moment privilégié en cadeau à ma fille pour ses 13 ans. Le moment présent, c'est bien ce que ça veut dire, non ? Un présent du moment ! C'est un vieux jeu de mots de gourous de développement personnel, mais j'en prends pleinement conscience en vivant cet instant d'intemporalité empreint d'amour.

— Et toi, comment s'est passée ta fin de semaine, à part la douleur physique ? que je lui demande, question de revenir dans l'espace-temps.

— Bien. Mes enfants sont venus me voir. Ma mère aussi…

Anne-Marie a le regard plein de gratitude. Ses grands yeux bruns pétillent de bonheur. Elle s'anime tout à coup et nous raconte combien elle se sent comblée de toutes les belles attentions qu'on lui a offertes. Elle répète à quel point elle est fière de voir ses enfants, tous dans la vingtaine, devenir de jeunes adultes rayonnants, autonomes et pleins de créativité. Les trois gars sont des musiciens accomplis et sa fille, qui a connu des années plus difficiles, semble enfin trouver sa voie dans le domaine des finances. Ce qui réconforte le plus Anne-Marie, c'est de les sentir sereins, sans pour autant tomber dans le déni de la maladie. Quand ma grande s'absente quelques minutes pour aller à la toilette, Anne-Marie se confie.

— À un moment donné, je me suis retrouvée seule avec ma fille et ma mère, assises de chaque côté de mon lit. Il s'est passé quelque chose de magique, France, tu n'peux même pas t'imaginer. Pour la première fois, on a réussi à se parler franchement. J'ai tout dit. Tout. Que je me sentais coupable, encore aujourd'hui, d'avoir laissé la garde de ma fille à son père alors qu'elle n'avait que trois mois. Que je m'étais sentie responsable du bonheur de ma mère plus jeune, alors que j'aurais dû me préoccuper seulement de jouer. Que je les aime toutes les deux… On a pleuré, on a ri, on s'est enlacées. Non, mais, est-ce qu'on peut en finir avec la maudite culpabilité ?

Wow ! Un miracle s'est réellement produit dans la chambre 555. Une grande transmutation, telle que promise par tous ces alignements du chiffre 5 qui abondent en autant de clins d'œil de l'Univers pour annoncer une transformation en profondeur ! Anne-Marie poursuit son récit.

– J'ai aussi dit à ma mère que je comprenais ce qu'elle avait vécu. Elle était bien trop souffrante pour s'occuper de moi quand j'étais petite. Elle ne pouvait pas le faire puisqu'elle était toujours en mode survie. Exactement l'état dans lequel je me suis retrouvée 20 ans plus tard avec ma propre fille. Puis, je me suis retournée de l'autre côté du lit et j'ai regardé ma fille dans les yeux. « Tu me vois, là ? » Je me suis mise à pleurer et j'ai ajouté : « Tu vois dans quel état je suis ? C'est comme ça que je me sentais à l'intérieur quand t'es née. Le cancer qu'on vient de m'enlever, c'est toute la peine qui est restée en moi parce que je n'ai pas été capable de m'occuper de toi. J'étais trop amochée. » Sais-tu ce qui est le pire, France ?

J'ai les yeux pleins d'eau. Mon silence pour seule réponse laisse place à sa conclusion.

– Ma fille m'a dit qu'elle se sentait coupable autant que moi. D'aussi loin qu'elle se souvienne, elle a toujours eu l'impression de m'abandonner. Non mais, est-ce possible ? Ça suffit ! J'ai conclu en affirmant gravement : « Si vous ne voulez pas me voir mourir du cancer, il va falloir me promettre de ne plus jamais vous sentir coupables. Jamais ! Je suis contente que le cancer ait choisi mon corps à moi. Je vais guérir de la maladie. Je ne parle pas de la maladie physique, mais bien de la maladie mentale qui s'appelle la CULPABILITÉ. Je vais en guérir et comme ça, toi, ma fille, tu n'auras pas à vivre un cancer. » J'ai instantanément ressenti une immense joie, comme si c'était le plus beau cadeau que je pouvais leur offrir à toutes les deux !

Quoi dire de plus ? Ça peut paraître un peu simpliste qu'en une seule conversation tous les non-dits de plusieurs décennies soient réglés. Quarante années de sourde souffrance dissoute en quelques mots, est-ce possible ? On ne soupçonne pas la puissance de la vérité quand elle est exprimée sans amertume, sans reproche, et avec amour.

Je perçois clairement que cette rencontre entre les trois générations de femmes de la lignée maternelle vient de désamorcer une bombe à retardement que chacune portait en ses entrailles et qui menaçait d'exploser à tout moment. Le fait de nommer le malaise et de se pardonner en s'élevant au-dessus du scénario accusateur vient dénouer un nœud karmique qui se transmet de mère en fille depuis des générations. Une charge de culpabilité inculquée par les normes de toute une société conditionnée à souffrir pour rester dans les rangs, notamment de la religion catholique. Il fallait des femmes assez fortes pour briser ces chaînes, quitte à tout casser sur leur passage. Si Anne-Marie est l'une d'entre elles, sa mère en est, sans l'ombre d'un doute, la grande instigatrice ! Elle a été une pionnière qui n'a pas eu peur d'affronter les jugements de son entourage pour défendre ses idéaux, même si cela lui imposait de souffrir et de faire souffrir ses proches dans le détour. Elle s'est choisie, alors que tant d'autres femmes de cette époque ont préféré rester mariées et malheureuses pour ne pas se retrouver seules et appauvries avec une ribambelle d'enfants à élever, pour éviter la honte ou pour ne pas déplaire. Bref, pour être aimées et reconnues, parce que c'est ce qu'on attendait d'elles. La mère d'Anne-Marie fait partie de cette poignée de battantes qui ont su se tenir debout pour être libres. Liberté chèrement acquise, on en convient, mais qui a permis de tracer le chemin à toutes les générations futures.

Et ça ne s'arrête pas là. Après des années à chercher le bonheur dans les bras de ses amants, la mère de mon amie s'est affranchie des étiquettes en empruntant une voie parallèle encore stigmatisée : l'homosexualité. « Je ne suis ni aux hommes ni aux femmes, je suis à la personne », affirme-t-elle encore fièrement aujourd'hui. Elle et sa conjointe, deux guerrières des temps modernes, ont fait tomber de nombreux tabous en étant les premières lesbiennes à se marier légalement au Québec ! Dites-moi comment on peut ne pas avoir une force de caractère à toute épreuve quand on est une descendante directe d'une femme ayant autant d'aplomb ?

Je sors de mes pensées pour écouter Anne-Marie rigoler avec ma fille qui vient de réapparaître sans que je m'en sois rendu compte. « Elles sont vraiment complices, ces deux-là ! » J'ai parfois l'impression que ma jumelle se « reprend » quand elle passe du temps avec mon ado. Elles font ensemble ce qu'Anne-Marie aurait tant souhaité faire avec la sienne. Mais elle en était parfaitement incapable à cette époque, sauf quand venait le temps d'aller l'encourager à son sport d'équipe. Ce terrain neutre, sans intimité, se prêtait beaucoup mieux à leur relation pour le moins complexe. Anne-Marie l'admet, elle était tout simplement terrorisée de se retrouver seule avec sa fille à cet âge. La boule de culpabilité qui lui brûlait le plexus l'empêchait de respirer et lui donnait le vertige. Mais aujourd'hui, leur lien semble prendre un tout nouveau tournant. Alléluia ! Ça me donne plein d'espoir pour sa guérison… pour leur guérison à toutes les trois. Même si on sait que les semaines à venir seront déterminantes pour ma jumelle…

« Le temps est venu pour l'humanité
de s'éveiller en sachant incorporer
un véhicule qui se régénère à l'infini. »

CHAPITRE 11

Retour à la Maison !

Je planifie m'installer à la campagne pour l'été avec les enfants à la Saint-Jean-Baptiste. Mes activités publiques ont pris fin il y a quelques jours et je piaffe d'impatience d'aller retrouver mon amie pour profiter avec elle des montagnes, des chevaux et de l'air pur. Mon horaire sera simple : écriture le matin, baignade et farniente entre filles l'après-midi. Ça tombe bien, j'aurai plein de temps libre puisque mes ados seront partis plus d'un mois en vacances avec leur père ou au camp en Ontario. Entre-temps, ils s'occupent, avec leurs amis du lac, à faire ce qu'ils font le mieux à 13 et 15 ans... c'est-à-dire RIEN ! D'ailleurs, je vais tenter de prendre exemple sur eux le plus souvent possible. On est tellement tous conditionnés à « faire » à temps plein qu'on a un mal fou à « être », même quand on a déjà goûté comme moi à la puissance créatrice du vide ! Mes nombreux *resets*, périodes bénies consacrées à ne rien faire du tout pour provoquer un changement propulseur dans ma vie, me l'ont prouvé chaque fois. Et pourtant, je résiste encore !

En attendant les vacances avec impatience, je profite de ce beau week-end de juin en Estrie. Ça fait seulement 10 jours que ma jumelle a été opérée et elle est déjà assise au bout du

69

quai, les deux pieds dans l'eau, quand je la rejoins à la plage ! Elle récupère de façon spectaculaire. Anne-Marie a quitté l'hôpital sur une seule jambe, branchée en prime à une sonde portative qui doit pallier les autres dommages collatéraux de la chirurgie… et elle arrive, en se retournant vers moi, à s'asseoir à l'indienne avec une agilité étonnante ! Son petit corps d'adolescente semble se régénérer aussi rapidement que si elle avait réellement 14 ans. Je suis émerveillée de son processus de régénérescence, même si elle n'a toujours pas de diagnostic clair, encore moins de pronostics à long terme. Pour l'instant, on jouit du moment qui passe, et c'est tout ce qui compte.

– Je ne prends même plus de Tylenol pour la douleur, me lance-t-elle avec fierté. Si ça continue comme ça, je vais être sur mon cheval avant la fin de l'été !

– Hé là ! Du calme. Je te rappelle que t'as subi une hystérectomie complète ! C'est quand même plusieurs mois de convalescence, tu le sais…

Je me sens totalement trouble-fête. Je ne suis pas sa mère, après tout, mais je ne veux pas qu'elle soit trop déçue non plus si sa jambe ne recouvre pas la force nécessaire pour remonter à cheval avant longtemps. L'équitation est un sport dangereux. Un simple faux mouvement pourrait lui être extrêmement dommageable puisque le nerf fémoral droit a été lourdement hypothéqué durant l'opération. Anne-Marie ne peut plus soulever son pied et arrive difficilement à plier son genou pour l'instant. Elle doit prendre sa jambe avec ses mains pour la fléchir et la laisser glisser pour en permettre l'extension.

Heureusement, son formidable mari veille au grain. Thomas est aux petits soins avec sa douce, ce qui lui apporte sans doute l'impression d'être moins impuissant devant tant d'adversité.

Comment va évoluer la maladie? Est-ce que les cellules cancéreuses que le chirurgien n'a pu retirer sont en train de se
multiplier? Combien de temps peut-elle vivre si le cancer se
propage? Tant de questions qu'il se pose sans doute en silence, puisque je le fais aussi parfois, sans oser en parler à mon
amie.

Je ne connais rien à la prolifération du cancer. Je ne veux pas
trop poser de questions non plus. Je me dis que moins j'en
sais, moins je m'imagine le pire. Ce n'est pas du déni, juste un
réflexe de fille qui a durement acquis sa sérénité. Je n'ai pas
besoin de lire sur Internet tout ce qui se raconte au sujet des
sarcomes utérins, encore moins de fabuler sur les ravages
qu'ils provoquent. Ça ne ferait que m'empêcher de dormir. La
sagesse peut prendre toutes sortes de formes. Je crois que je
commence finalement à mettre en pratique le troisième
accord toltèque en refusant catégoriquement de faire des sup-
positions! Et je me répète que je crois encore aux miracles.
C'est cinglé, il faut que je me parle constamment pour me
remémorer mes propres convictions! Le mot cancer a le pouvoir à lui seul de nous pousser en crise de foi instantanée,
même les plus zen d'entre nous.

Le plus dur pour Thomas, c'est qu'il accompagne parallèlement sa mère de 88 ans atteinte d'un cancer de l'œsophage
en phase terminale. Par une synchronicité des plus iro-
niques, les deux femmes de sa vie souffrent du même mal en
même temps. Ça fait beaucoup d'émotions à gérer, qu'on
soit un maître ou pas. Alors, quand il se rend à Sherbrooke
pour visiter sa maman, je prends la relève. Je prépare des
petits repas santé à mon amie et on discute librement de la
vie et de la mort, comme de la pluie et du beau temps.
Souvent, on s'amuse à se tirer au tarot, comme deux vraies
filles. Anne-Marie a besoin de réponses, et bien qu'elle

puisse toutes les obtenir en inspiration simplement en le demandant, elle préfère présentement que ça vienne de moi. Pourtant, sa plus grande force demeure sans conteste l'écriture automatique, mais pour une raison obscure, elle résiste encore à poser des questions pour elle-même. Cette fois, j'insiste pour qu'elle mette son formidable talent à son propre service.

> – Pendant que tu es immobilisée et que tu n'as rien d'autre à faire, tu pourrais au moins écrire. Chaque fois que tu le fais, ça te procure un bien fou. Et tu reçois toutes les réponses à tes questions, en plus.

Au fond, je crois comprendre sa résistance. Elle a peur de sa propre puissance de canalisation, tellement les réponses qu'elle reçoit sont précises. Ou peut-être a-t-elle simplement besoin de retrouver une certaine autonomie physique avant d'avoir envie de quoi que ce soit.

L'occasion se présente quelques jours plus tard quand le CLSC lui enlève enfin sa sonde, ce qui lui permet de marcher avec plus d'assurance. Il est fascinant de constater à quel point un corps peut s'adapter aux difficultés qu'on lui impose. En peu de temps, Anne-Marie a réussi à trouver d'instinct des moyens de compenser pour se remettre en mouvement malgré sa jambe handicapée.

Le premier message qu'elle reçoit en canalisation vient confirmer une foule d'éléments que nous avions ressentis toutes les deux sans pouvoir les nommer. Notamment que le chiffre 5 annonçait en effet un changement majeur, une transmutation vers la cinquième dimension. Encore une fois, la cinquième dimension n'est pas un lieu, mais bien un état de conscience élargie qui vibre à une fréquence plus élevée. La maladie est donc venue «en renfort» pour la pousser à créer sa vie à partir du cœur solaire, ce chakra qui pulse au centre de notre poitrine et nous invite tous à nous élever vers le véritable amour et la compassion pure. Le «comment» est plus compliqué à comprendre, mais on aura tout l'été pour le découvrir. Et même si nous ne saisissons pas toujours les subtilités des messages sur le coup, les mots résonnent en nous. Ils sont entendus par toutes nos cellules, qui elles savent, et ils font leur chemin tranquillement jusqu'à notre conscience. Le plus intéressant pour l'instant est la confirmation qu'il existe un lien indéniable entre le cancer et les souffrances vécues par toute la lignée familiale maternelle de ma jumelle. Pour apprécier l'extrait qui suit, il faut savoir que les êtres humains (comme tout ce qui vit sur le plan terrestre) sont constitués de matières visible et invisible. La matière visible étant bien sûr le corps physique, et la matière invisible, les corps subtils. Force est de constater à la lumière de cet enseignement que le corps émotionnel très chargé d'Anne-Marie, qui a été soumis à rude épreuve pendant des décennies, a fini par blesser gravement son corps physique.

> «... *Nous pouvons maintenant observer cette expérience du cancer à partir du corps émotionnel de l'Être Anne-Marie, qui a été particulièrement sollicité tout au long du parcours terrestre. Il a vécu de nombreux chocs et absorbé les peines et les blessures de sa lignée familiale. Ce corps a accepté de porter les douleurs des femmes qui l'ont précédé et a été en symbiose avec les énergies de la mère, choisissant d'endosser le fardeau de l'histoire familiale pour l'alléger et dissoudre des charges de souffrance appartenant aux générations précédentes. Ainsi, une occasion se présentait de mettre fin à un karma collectif de douleurs et de souffrances porté par une lignée de femmes qui cherchaient à s'affranchir des conditionnements et des croyances de l'ancien monde.*

Le corps émotionnel d'Anne-Marie a donc vécu une succession de renoncements, de détachements, de transformations pour permettre la dissolution d'un égrégore collectif lourdement chargé (force énergétique vivante formée de la colère, du ressentiment, de la déception, de la tristesse… portés par la lignée de femmes). *Ce corps émotionnel a été mis en contact avec de grandes peines dès son arrivée sur cette Terre, ce qui explique que le nourrisson a versé tant de larmes. Durant quelques décennies, le corps émotionnel a été en contact avec des charges de peurs et de souffrances qu'il a cherché à transformer. Toutes ces peurs et ces peines étaient logées dans les deuxième et troisième chakras, le* hara *et le plexus solaire (le* hara *est le siège énergétique de la création-procréation et le plexus, celui des émotions). Comme le mandat était de libérer l'énergie féminine, exprimée dans l'expérience des femmes de la famille d'incarnation, l'Être a recueilli l'ADN de la lignée dans son véhicule corporel pour en dissoudre les aspects en déséquilibre. Le cancer de la grand-mère maternelle était de même souche énergétique que celui de la petite-fille. Anne-Marie a toutefois accepté de transformer l'expérience en choisissant d'élever son taux vibratoire, ce qui l'amène dans la conscience de la cinquième dimension et permet la guérison chez la grand-mère, la mère, la fille et la petite-fille. Vous saisissez ?*

Toutes ces peines étant reliées à l'expérience familiale, à des notions de parentalité et de fratrie, Anne-Marie a aussi été en apprentissage de détachement et de renoncement des liens qui sont créés dans une organisation familiale. Elle devait s'affranchir de toute forme d'attachement conditionné par des structures sociales qui n'existent que dans la troisième dimension. Dans la cinquième dimension, l'Être s'exprime dans une unité parfaite avec toute forme de vie. Il n'y a plus de famille, plus de parents, plus d'enfants. Il n'y a plus aucu-

ne séparation entre les Êtres. Il n'y a que circulation de l'amour à travers des expressions de la Vie Une, de la Source. Anne-Marie a complété le travail de détachement, de renoncement, ce qui amène cet état de grâce, cet état de paix en elle, réelle demeure de tout être vivant. La demeure de Dieu.

Chère âme bien-aimée, l'expérience du duo cosmique avec votre jumelle permet une ouverture de la conscience collective par le partage du vécu de chacune. L'Être France est témoin et elle participe à l'implantation de la conscience de ce Nouveau Monde qui l'inspire depuis son arrivée sur ce plan de vie, sur cette Terre, dans la matière. Dans le processus de témoignage, vous expérimentez dans vos corps respectifs différents phénomènes qui viennent créer des ouvertures, des ponts, de nouveaux chemins d'exploration dans les différentes énergies des plans subtils. Il y a chez chacune un éveil du cœur solaire et une activation de cette porte qui va vous permettre de voyager plus facilement à travers tous les aspects de ce que vous êtes réellement. Vous permettez que l'Être de lumière que vous êtes en réalité puisse pénétrer avec fluidité les troisième et quatrième dimensions, puisque vous avez élevé votre taux vibratoire.

Plus les Êtres se libèrent des attachements, des conditionnements et des croyances de la troisième corde, plus leur expérience englobe les hautes sphères de la création. Le regard intérieur ainsi activé, le voile de l'illusion disparaît et la vie éternelle s'ouvre devant vos yeux. Le travail que vous accomplissez actuellement est celui de libération de la plus grande illusion qui garde l'humanité dans la roue des naissances répétitives, la roue de la réincarnation. Cette illusion est ce que vous nommez la "mort". Vous et votre jumelle allez recevoir, si tel est votre choix, les clés qui mènent à la vie *éternelle en utilisant le véhicule corporel comme chemin d'éveil.*

Anne-Marie, vous allez expérimenter une guérison pleine et entière. Votre corps retrouvera la perfection d'un outil de la quinzaine en âge. Vous apprenez à maîtriser la matière et à permettre une transmutation de votre corps. Le temps est venu pour l'humanité de s'éveiller en sachant incorporer un véhicule qui se régénère à l'infini. Vous avez choisi de passer de chenille à papillon pour démontrer au monde que la Vie est infinie.

Le duo s'affranchit ensemble de l'illusion de la mort, et dans son processus il offre un témoignage permettant à ceux et celles qui le choisiront d'emprunter ce même chemin de libération. Ceci étant un aspect important de la "seconde venue du Christ". »

Ouf! Je suis fébrile en terminant la lecture de ce texte. Je ressens une sensation de justesse qui dépasse de loin l'analyse mentale que je peux en faire pour l'instant. Il faut dire que j'y suis habituée. Depuis 2007, nous recevons des messages qui se sont tous avérés d'une grande précision. Je dis toujours que les bons médiums ne font pas de prédiction, parce que nous sommes tous les créateurs de nos vies. Ils peuvent voir des possibilités dans la matrice, mais chacun décide toujours du chemin à prendre pour créer sa réalité à chaque instant. Par contre, quand nos guides s'aventurent à nous prédire l'avenir en écriture inspirée comme ils le font présentement, sans doute parce que notre âme le permet, ils se trompent rarement. Alors, j'ai appris à avoir confiance… jusqu'à preuve du contraire.

Cette fois, je réalise avec soulagement qu'Anne-Marie va guérir ! Il me reste à la convaincre, parce qu'elle ne croit jamais en ce qu'elle écrit. Détail !

Je prends également conscience qu'en acceptant de porter sur ses frêles épaules toutes les douleurs de la lignée maternelle, elle a pris en combiné le mandat de libérer le karma collectif générationnel des femmes de sa famille. Courageux, quand même ! Cela valide également un des enseignements que je transmets en atelier : quand un être humain se guérit de ses blessures émotionnelles et pacifie ses conflits avec son entourage, toute la lignée peut en faire autant dans l'énergie. Même ceux qui sont décédés en emportant avec eux les charges non dissoutes vers l'autre monde. C'est d'ailleurs le concept derrière la thérapie par constellation familiale. Cette approche créée en Allemagne dans les années 1990 est basée sur la théorie qu'on peut résoudre nos conflits et schémas destructeurs en remontant dans l'inconscient familial. En faisant appel à des jeux de rôles, tenus par les autres participants du groupe qui personnifient des membres de la famille, la technique permet de dissoudre les nœuds relationnels et favorise une guérison énergétique de toute la lignée.

J'apprends du coup que la grand-mère d'Anne-Marie est décédée d'un cancer du sein. Elle ne m'avait jamais confié ce détail, qui prend ici tout son sens. Une autre forme de cancer reliée au féminin et à la maternité, transmise de mère en fille jusqu'à ma jumelle. C'est fort, les gènes ! En prenant un chemin d'éveil, Anne-Marie a par contre choisi de transformer l'expérience familiale. La tristesse et la culpabilité qui la rongeaient depuis vingt-cinq ans ont été transcendées. En moins d'un mois, la chenille carburant à la peur s'est transformée en papillon. Emblème qui est d'ailleurs devenu le thème de l'été 2013. Anne-Marie a même reçu en cadeau de convalescence de Thomas une magnifique sculpture de papillon tout coloré qu'elle a placée dans son bureau pour lui rappeler son nouvel état de légèreté !

Mais que signifie au juste *« Le regard intérieur ainsi activé, le voile de l'illusion disparaît et la vie éternelle s'ouvre devant vos yeux »* ? Et quoi penser de la *« seconde venue du Christ »* alors qu'il existe au moins sept milliards de nouveaux messies sur cette planète, puisque nous sommes tous des maîtres, réalisés ou en devenir ? Toujours pas d'idée. Par contre, j'ai envie de dire un gros OUI à leur offre : *« Vous et votre jumelle allez recevoir, si tel est votre choix, les clés qui mènent à la vie éternelle en utilisant le véhicule corporel comme chemin d'éveil. »*

Il faut qu'Anne-Marie m'explique maintenant son état de grâce ! Je veux comprendre. Peut-être va-t-elle me contaminer en me le racontant…

Mais je connais notre processus, il faut le vivre pour comprendre comment cela se manifeste, et pour l'intégrer. Les prochains mois promettent d'être riches en expériences de toutes sortes !

CHAPITRE 12

Le cancer mène à la Vie !

Même si Anne-Marie a commencé à me parler de ses états de plénitude avant l'opération, je n'y ai pas porté attention. Sans doute que je ne voulais pas l'entendre. Je devais associer son attitude à une forme de résignation et je n'étais pas du tout préparée à la voir abdiquer si rapidement devant la mort. Maintenant qu'elle va guérir, je suis prête à l'entendre. C'est ce qu'on appelle avoir la foi. J'ai la foi en mon amie, foi en sa force de vie, foi en sa maîtrise de l'alchimie, foi en sa guérison… Même si elle meurt après !

On se rencontre presque tous les matins vers 8 h pour méditer quand je suis à la campagne. Un rituel dont je ne veux plus me passer. Parfois, Thomas se joint à nous, mais aujourd'hui il est parti à Sherbrooke s'occuper des arrangements funéraires de sa maman qui est décédée il y a quelques jours. Je retrouve mon amie assise sur son balcon au gros soleil, en train de colorier des mandalas. Cette pratique, qui impose le moment présent de façon ludique et créative, l'a sauvée de son état d'épuisement il y a deux ans. Alors, pourquoi ne pas récidiver avec le cancer ?

En me voyant arriver, Anne-Marie sourit.

– Allo, mon amie !

Elle m'accueille toujours avec ces trois petits mots pleins de tendresse qui assoient le ton de toute notre relation. Pas d'équivoque sur notre amitié. On accole facilement cette épithète à plusieurs personnes autour de nous, mais en réalité on peut compter sur les doigts d'une seule main le nombre de vrais amis qu'on a le privilège de côtoyer dans une vie. On a tous des copains avec qui on aime partager une passion pour un sport, un loisir ou pour sortir au resto, mais on a très peu de véritables amis. Je suis foncièrement une fille sociable qui aime être entourée de gens stimulants. Toutefois, je constate avec les années que plusieurs personnes que je croyais auparavant être de bons amis ont passé leur chemin sans regarder en arrière. On peut se fréquenter à l'occasion et retrouver le plaisir d'échanger sur divers sujets, mais on n'a plus les mêmes champs d'intérêt ni la même vision de la vie. C'est parfait, puisque tout est parfait. Sauf que ça me fait réaliser à quel point je suis privilégiée de vivre cette relation d'amitié profonde avec ma jumelle. Je ne connais aucune autre personne qui puisse me deviner avec autant de justesse, pas même mon amoureux ou mes enfants. Et vice-versa. On se ressent l'une l'autre à mille lieues. Elle ne peut me duper, même quand elle tente de se mentir à elle-même. Ce matin, je détecte une parcelle d'inquiétude dans sa voix.

– J'ai reçu un appel de l'hôpital. Je rencontre l'oncologue cette semaine pour qu'il m'explique le protocole à suivre.

– Es-tu inquiète ?

Je ne sais pas pourquoi je pose la question quand je connais la réponse. J'imagine que c'est pour lancer un dialogue et la faire parler un peu. «Nommer nos émotions est la première phase de la guérison, alors jase ma chérie.»

– Disons que ça me rappelle à l'ordre. J'ai pas oublié que j'ai le cancer, loin de là, mais tant que je n'ai pas le diagnostic, c'est comme s'il n'existait pas vraiment. Le plus étrange, c'est que ça n'affecte en rien la joie profonde qui m'habite. On dirait que le cancer m'a guérie et me ramène à l'enfant moqueur en moi. Tu le sais, j'ai toujours dit que j'étais un lutin, mais là je le sens plus présent que jamais. La Vie a le sens de l'humour, non?

– Faut croire que oui.

– Écoute, France, ça se dit même pas combien je suis bien. Oui, j'ai mal au ventre des fois, j'ai mal à ma jambe, j'ai mal partout en fait, mais je ne souffre pas. Je touche à des états de grâce sans nom que je n'ai jamais connus avant la maladie.

– Ben justement, parle-moi de ta grâce, ça va te forcer à mettre des mots dessus. Je veux ressentir ce que tu vis.

– On est juste toutes les deux, là? me demande ma jumelle avec son air espiègle.

Je joue le jeu et je fais mine de regarder autour pour lui confirmer que personne ne peut nous déranger... Nous sommes seules en plein bois! Anne-Marie éclate de rire comme une gamine.

– C'est la même sensation qu'après un orgasme. Tu sais comment on est complètement détendues après? Bien, c'est la même chose. Je me sens comme si je venais juste de faire l'amour, mais à temps plein. C'est pas beau, ça ?

Là, j'admets que je suis jalouse ! L'extase des instants qui suivent l'orgasme où plus rien n'existe, la brèche dans le temps qui nous donne accès à une microseconde de perfection, le grand relâchement à perpétuité, j'en veux moi aussi ! Anne-Marie me sort brusquement de ma rêverie.

– C'est comme un immense soulagement. J'te l'dis, j'ai eu accès à quelque chose de très grand après l'opération. J'ai compris qu'on naît tous en même temps, et qu'on meurt tous en même temps. Parmi les gens qu'on connaît par exemple, qu'on vive 30, 50 ou 80 ans, c'est un souffle pour l'Âme. Le temps n'existe pas. Disons que sur une ligne temporelle d'une centaine d'années, dans un Univers sans début ni fin, on est d'accord que quelques années de plus ou de moins ne font aucune différence, n'est-ce pas ? Je sais que je me répète, mais tout mène à la Vie, France. Pile ou face, la vie ou la mort, c'est pareil.

– Voyons donc, as-tu fait une EMI, toi ?

Je n'avais pas pensé à cette possibilité, mais ce serait plausible vu le nombre de transfusions sanguines qu'Anne-Marie a dû recevoir (5… encore le chiffre 5 !) pendant l'intervention chirurgicale. Je commence à croire que mon amie a vécu une expérience de mort imminente sans me le dire. À moi qui suis devenue une pseudo-spécialiste dans le domaine en interviewant des dizaines de personnes qui ont expérimenté une EMI dans les dernières années. À moi qui suis une passionnée des ouvertures de conscience vécues par la majorité des «expérienceurs» qui touchent aux frontières de la mort. À moi qui ai souvent rêvé de «mourir un peu», pas trop longtemps quand même, juste quelques secondes, pour connaître la grâce et l'amour inconditionnel dont ces gens témoignent. À moi, la conférencière raconteuse qui se régale de ce genre d'histoires, elle aurait caché ce fait saillant déterminant? Avant que je ne m'emballe davantage, ma jumelle répond à ma question.

– Non, je n'ai pas fait d'EMI. J'ai dormi comme un bébé après l'opération! Mais j'ai vécu dans mon corps la sensation que la mort et la vie, c'est la même chose. La mort n'existe pas... Tu le sais, mais là je te le confirme.

– À quel moment as-tu pris conscience de tout ça?

– Je te dirais que ça s'est produit le lendemain, après que le médecin est venu me voir pour me dire que c'était un cancer. Il avait beau mettre des gants blancs et m'affirmer qu'il avait enlevé tout ce qu'il pouvait, son ton et son regard n'avaient rien de rassurants. Je me suis retrouvée instantanément en état de choc. Pendant quelques heures, j'ai vu la mort dans les yeux. J'ai réalisé que non seulement j'allais mourir, mais que je pouvais aussi partir très vite. Puis, j'ai vécu un lâcher-prise complet.

– Attends, comment fait-on pour «lâcher prise» en état de choc? J'y arrive même pas dans des conditions idéales en méditation!

– Je me suis rendu compte qu'il n'y avait rien à faire, que je n'étais pas en guerre contre le cancer. Mieux que ça encore, j'ai compris que le cancer était le résultat de la guerre à l'intérieur de moi! Lutter contre le cancer devenait une aberration. Combattre le feu par le feu n'avait plus de sens pour moi. Alors, j'ai demandé à mes cellules de trouver par elles-mêmes le chemin de la guérison, que ce soit dans la continuité de la vie ici ou de l'autre côté. Le corps est la partie visible de la Vie, de l'expression de la Source sur la Terre. S'il sait comment fabriquer des cellules cancéreuses, alors je me suis dit qu'il est le seul à savoir comment s'en libérer.

– Et ta partie à toi, avec la «conscience Anne-Marie», c'est quoi?

– J'ai choisi de nourrir la vie! Nourrir la vie, notamment en faisant tout ce que j'aime, en m'amusant, en m'occupant de mes chevaux, de mes chiens, et en profitant d'être ici, maintenant. Pendant ce temps, je laisse mon corps s'occuper de l'aspect physique, puisque c'est son domaine. Se battre contre le cancer, c'est se battre contre soi-même. Je ne veux pas être en guerre avec moi-même. Je veux seulement dire oui à la vie. Et si dire oui à la vie veut aussi dire expérimenter le passage de la mort, et bien je le ferai, dans la quiétude et la joie. Je refuse de céder à la peur et à la guerre. Je sais, du plus profond de mon cœur, que peu importe la vie ou la mort, il n'y a que la Vie. Alors j'accepte aussi la mort comme un chemin vers la Vie. Tout est parfait, en plus. Si je dois mourir, ce sera ça. Je n'aurai plus besoin de me chercher un nouveau contrat, de me demander ce que je vais faire quand je serai grande, de forcer pour gagner des sous, d'aller à Montréal pour travailler…

– Ah! que t'es niaiseuse! (Dit sur un ton plein d'amour, je vous le jure!) Tu serais prête à mourir pour ne plus venir à Montréal?

– Ben non. J'adore la vie et j'aime ce que je fais. En fait, ça n'a rien à voir avec le travail, mais plus avec la notion de performance et de survie. Je n'ai plus besoin d'être une survivante, parce qu'il n'y a que la Vie.

– Je te le dis, Anne-Marie, non seulement tu vas vivre, mais je te prédis que tu vas même régénérer tes nerfs et guérir ta jambe!

– Ça, je ne le sais pas. Ce que je sais, par contre, c'est que j'ai ressenti un tel relâchement que ça s'est manifesté comme une sensation de vacances. Des vacances de l'âme, tiens. Plus besoin de performer et de réussir quoi que ce soit. Tout est perfection à chaque instant, ici ou ailleurs.

Des vacances de l'âme. Intéressant comme concept. On avait reçu un enseignement à ce sujet quand Anne-Marie faisait de la canalisation en état de transe. Les gens qui sont atteints de la maladie d'Alzheimer ou d'autres formes de démence, par exemple, connaissent d'un point de vue spirituel ces vacances de l'âme avant de quitter leur enveloppe corporelle. Une période réservée simplement à «être», alors que des conditionnements de nos sociétés modernes avaient exigé d'eux qu'ils soient dans le «faire» toute leur vie. C'est d'ailleurs ce que j'ai raconté aux funérailles de mon oncle, décédé au printemps de cette maladie mal comprise. Brillant architecte encensé durant toute sa carrière pour ses nombreuses réalisations, professionnel de son époque qui croyait devoir «réussir dans la vie» pour être aimé et reconnu, il ne s'était jamais accordé le droit à l'échec ou au simple plaisir de créer sans la notion de performance. Pourtant, il a passé les dernières années de sa vie à «être», sans se souvenir de ce qu'il avait fait, tout en demeurant souriant et affable comme il l'avait toujours été. L'Alzheimer lui a donné la permission d'être tout autant aimé et reconnu, mais cette fois uniquement pour qui il était, un homme bon et aimant.

Ce qui me frappe présentement, c'est qu'on peut prendre des «vacances de l'âme» sans souffrir d'une maladie dégénérative du cerveau. On peut vivre sans souffrance, finalement, si on est conscient qu'on ne vient pas sur terre pour performer, mais bien pour aimer et créer en s'amusant avec nos talents !

– O.K., je suis d'accord avec l'idée que tu es en vacances, et je vais l'être avec toi ! Est-ce qu'on médite, maintenant ?

– Avec plaisir ! Le plus beau dans tout ça, c'est que lorsque je ferme les yeux, tout est calme. Je n'ai plus ces milliers de pensées à la seconde qui m'assaillent. La paix intérieure complète. Pas tout le temps, mais presque.

Je peux dire que je ne suis pas rendue là ! Il me faut de longues minutes avant de calmer mon mental encore trop occupé à gérer ce flot d'informations.

«Bon, arrête de penser France, et médite !»

CHAPITRE 13

Les ailes de Solanges

Aujourd'hui, ce sont les funérailles de Solanges, la maman de Thomas. Depuis tôt ce matin, j'assiste à un branle-bas de combat en règle pour que nous arrivions tous à l'heure à Sherbrooke. Deux des enfants d'Anne-Marie ont dormi chez moi, sa maison étant déjà bondée. Le fils unique de Thomas est arrivé de la Californie cette semaine pour dire un dernier au revoir à sa grand-mère et les autres enfants occupent la seconde chambre d'invités. Puisque mon amie ne peut toujours pas conduire et que Thomas est déjà parti rejoindre sa famille, c'est moi qui suis chargée d'amener tout ce beau monde à l'église dans ma minifourgonnette.

Ma jumelle, qui a pris soin de se faire belle pour l'occasion, resplendit de sérénité malgré les circonstances. Je lui tends la main pour qu'elle se hisse du côté passager et je m'émerveille de la voir aussi pimpante de vie. Elle s'est tout de même fait ouvrir le ventre il y a moins d'un mois, ce qui lui a laissé un gros ver de terre de 15 cm entre le pubis et le haut du nombril, et limite pas mal ses déplacements. Mais avec deux oreillers placés stratégiquement dans son dos et sous ses fesses, on devrait se rendre à destination sans trop de douleur.

Pendant que les jeunes discutent entre eux à l'arrière, j'en profite pour me mettre à jour avec Anne-Marie.

– Comment va ton amoureux ?

– Il va bien, même si ça lui fait des grosses journées depuis quelque temps. Sans compter le salon funéraire hier, ce matin encore, et la célébration tantôt… Il va être crevé ce soir. Je le trouve pas mal bon.

Anne-Marie est pleine d'admiration pour son mari. Il a mené de main de maître (je sais, c'est ce qu'il est !), avec son frère et ses deux sœurs, tous les préparatifs pour offrir à leur maman un adieu à la mesure de sa grandeur d'âme. En plus d'être une mère et une grand-mère généreuse, Solanges avait profité des années qui ont suivi le décès de son mari pour développer pleinement sa fibre missionnaire. Honorant cette partie d'elle qui avait besoin de servir, elle a consacré une grande partie de sa vie à donner au suivant, entre autres grâce aux œuvres de sa paroisse, pour construire des écoles à Haïti. Une battante qui ne ménageait aucun effort afin de soulager la misère des plus démunis, quitte à aller elle-même sur le terrain s'assurer que les fonds amassés pour « ses enfants » étaient bien investis. Elle a fait pas moins de six voyages avec son amie religieuse chargée de mission dans la perle des Antilles. Défiant des conditions qui en auraient refroidi plus d'un, les deux femmes s'aventuraient ensemble en scooter dans les montagnes de l'arrière-pays pour apporter de l'aide aux populations abandonnées par les organisations humanitaires.

Chaque fois, Solanges en revenait encore plus motivée à poursuivre son engagement envers les oubliés de ce monde. En pensant à elle, je réalise que je n'ai pas posé de questions à mon amie sur sa dernière rencontre avec sa belle-maman, quelques jours avant sa mort.

– Comment s'est passé ton contact avec elle ?

– Je suis tellement contente d'être allée la voir avant son décès, France. J'aurais pu rater ce rendez-vous ! Je venais à peine de sortir de l'hôpital et j'avais de la difficulté à bouger à cause de ma sonde, mais je n'ai pas hésité deux secondes à monter dans l'auto, parce que je sentais au plus profond de moi-même que ma belle-mère n'en avait plus pour longtemps… Elle était vraiment heureuse de me voir.

– Est-ce qu'elle a pu te parler ?

– Difficilement, mais elle m'a dit quelques mots. Je lui ai demandé comment elle vivait avec le fait qu'elle allait mourir. Tu connais le franc-parler de Solanges. Elle m'a juste répondu : « C'est moche ! »

Je souris en entendant cette réponse typique du personnage coloré qu'était Solanges. J'aimais beaucoup cette femme moi aussi, et elle me le rendait bien. Elle m'impressionnait d'être aussi autonome et vive d'esprit à 88 ans. Quelques semaines avant son décès, elle habitait encore dans sa maison et faisait ses propres confitures. Quand on se voyait occasionnellement chez Anne-Marie, elle ne ratait jamais l'occasion de m'en offrir quelques pots. Un pur régal ! Elle ramassait même toute seule ses feuilles à l'automne avec une vitalité étonnante… et un petit coup de pouce de Thomas ! Merci Solanges pour l'inspiration !

– Je crois que je suis la seule à lui avoir parlé de la mort, poursuit Anne-Marie. Je me suis assise à côté d'elle, je lui ai pris la main et lui ai demandé si elle avait peur. Elle a hoché la tête en murmurant un petit « non ». Je voulais qu'elle sache que c'est vraiment juste un passage, une transformation, et que la Vie est éternelle. Je l'ai rassurée en lui racontant : « Tu vas être accueillie de l'autre côté par une grosse boule d'amour qui va te prendre dans ses bras et te serrer. Tu vas ressentir un amour inconditionnel comme jamais tu n'en as ressenti ici. Ça va être bon, hein ? » Elle s'est mise instantanément à me serrer la main, puis à relâcher et à resserrer encore. Elle a fait ça un long moment, en souriant.

– Wow ! c'est beau ça !

– Elle est entrée dans le coma quelques heures après notre visite, et elle est morte quatre jours plus tard. Tu te rends compte ? J'ai eu le temps de la remercier d'avoir été la meilleure belle-mère dont je pouvais rêver… et j'étais sincère ! Avant de partir, je lui ai soufflé à l'oreille de me préparer une place, que j'irais la rejoindre bientôt…

– Anne-Marie Séguin ! Tu vas guérir, un point c'est tout. Tu mourras après, si tu veux… !

Ma jumelle a lancé sa dernière phrase sur ton moqueur et je lui ai répondu de la même façon. Humour un peu morbide, on est d'accord, mais léger tout de même, puisqu'elle s'est réellement réconciliée avec la mort. Ironique tout de même, elle qui avait peur d'avoir peur d'être malade il n'y a pas si longtemps. Je ne reconnais plus mon amie. On dirait que le cancer lui a fait pousser du courage… et des ailes. Pourvu qu'elle ne s'envole pas trop vite.

* * *

La célébration religieuse m'a beaucoup émue. J'avais un peu la sensation de m'entraîner moi aussi à voir partir bientôt plein de gens que j'aime. C'est une réalité dans ma famille, et dans celle de tous mes amis, puisque la génération qui nous précède a dépassé l'âge vénérable de 70 ans, ma mère trônant fièrement en tête avec ses 82 ans bien sonnés.

Que ça nous plaise ou non, autour de 160 000 personnes meurent chaque jour sur cette planète, ce qui fait près de 60 millions de décès par année. La mort est devenue le dernier des tabous dans une nouvelle ère qui ne les tolèrera plus. On occulte la mort, on la cache pour ne plus la voir, on en escamote même les rituels pour alléger les souffrances de ceux qui restent, parce qu'elle fait peur.

En vérité, on est terrorisé non pas à l'idée de mourir, mais bien de ne plus exister. Parce que pour ceux qui croient en une vie après la mort et à un paradis dans l'au-delà, mourir apparaît souvent comme une solution, une libération de toutes les souffrances terrestres. La nuance entre ne plus exister et mourir peut sembler subtile, mais le concept est très différent. La plus grande peur de tous les humains est sans contredit celle de voir leur individualité retourner au grand vide. RIEN. Pas de paradis. Pas d'enfer. Pas de vie après la mort. Pas de réincarnation. Pas de résurrection. Le trou noir.

Je sens que l'expérience de ma jumelle nous amène doucement à guérir de cette peur ultime…

« *La mort n'est que pure interprétation humaine
et accumulation des peurs
de la conscience collective.* »

CHAPITRE 14

La troisième chute du Christ

Anne-Marie a rencontré hier l'oncologue qui s'occupe de son dossier au Centre hospitalier universitaire de Sherbrooke. Elle est de nouveau en état de choc. On le serait à moins. Le sang lui a fait trois tours en entendant le diagnostic officiel. Léiomyosarcome de stade 3, un cancer rare et agressif qui se développe dans la paroi musculaire de l'utérus, surtout chez les femmes de plus de 40 ans. Le spécialiste n'a épargné aucun détail. Les chances de survie peu encourageantes, les études inexistantes pour prouver que la chimio ou la radiothérapie peuvent aider, le taux de récidive élevé, bref tout pour te bousiller un état de grâce, même pour le plus grand des maîtres bouddhistes! Comme quoi on peut parfois faire un pas en avant, deux en arrière, quand on avance sur un chemin de conscience et de guérison. Et on se donne le droit de tomber, plus souvent que Jésus sur son chemin de croix, s'il le faut.

Après avoir encaissé un premier coup à l'échographie, qui lui avait dévoilé la grosseur de la tumeur, et un deuxième quand le chirurgien lui a confirmé que la masse était cancéreuse, voilà qu'on lui en assène un troisième direct dans le plexus solaire. Chaque fois, elle a mis au moins 24 heures à s'en remettre. J'imagine facilement l'angoisse qui la rongeait. Tous ces termes scientifiques inconnus qui devaient se bousculer dans sa tête, sans compter les multiples scénarios qu'on peut se construire autour de ces pronostics en apparence tous plus sombres les uns que les autres.

Mais puisqu'on peut toujours trouver un bon côté aux épreuves les plus douloureuses, l'intraitable optimiste en moi ne peut s'empêcher d'observer ici une phénoménale reprise de pouvoir. Une petite journée de rien du tout pour digérer autant d'informations assommantes, ça me semble un record mondial, non? À la lumière de cette impressionnante gestion d'émotions, je constate qu'Anne-Marie a vraiment fait un bond quantique dans son état de conscience. Parce que cancer rime généralement avec violente tempête émotionnelle et que peu de gens arrivent à gérer avec un tel détachement un concentré aussi opaque de mauvaises nouvelles. Si on reconnaît un maître à sa capacité à émerger de l'océan des émotions, ma jumelle a sans contredit atteint un nouveau niveau de maîtrise.

Quand nous nous retrouvons pour notre méditation matinale, je suis soulagée de la voir plus lumineuse et détendue que jamais. Un doute m'assaille tout à coup. Est-elle vraiment en train de passer en cinquième dimension ou se laisse-t-elle glisser vers le déni profond? Il n'y a qu'une façon de le savoir: la faire répondre à mon questionnaire maison de journaliste aguerrie!

– Tu ne devrais pas être déprimée, toi?

– Je l'étais hier!

– Oui, mais les gens normaux seraient en train de mourir d'inquiétude et toi, t'as un sourire béat douteux sur le visage, il me semble. Tu ne serais pas en phase de déni par hasard ?

– J'en reviens pas moi-même, mais j'ai déjà retrouvé mon état de grâce. Même quand je vis des émotions intenses comme hier, je ne perds jamais mon fond de joie. J'admets tout de même que je me suis réveillée paniquée au milieu de la nuit. Puis, après avoir pleuré toutes les larmes de mon corps dans les bras de mon *chum* et lui avoir avoué que je trouvais ça vraiment difficile parfois de garder la foi, j'ai fait de nouveau l'exercice de respirer consciemment et de parler à mes cellules. J'ai visualisé une pluie de lumière qui les inondait en ressentant cette énergie de guérison couler en moi, et je me suis « enlevée du chemin ».

C'est la nouvelle expression préférée de ma jumelle. Au début de sa convalescence, Thomas est arrivé à la maison avec une pile de nouveaux livres inspirants, dont la biographie de Serge Fiori, *S'enlever du chemin*, dans laquelle l'auteur-compositeur du groupe Harmonium dévoile tous les détails de sa vie d'artiste et de sa guérison spirituelle. Le titre du livre, qui a résonné fort en Anne-Marie, est devenu son leitmotiv principal pour accéder à sa propre rédemption.

Il y avait aussi le dernier bouquin du psychanalyste Guy Corneau, *Revivre*, qui raconte sa guérison d'un cancer de l'estomac de stade 4 grâce aux bons soins de ses médecins, certes, mais aussi de ses amis thérapeutes en énergie et en santé naturelle, et d'un changement en profondeur dans ses habitudes autodestructrices. Enfin, le récit fabuleux *Mourir pour Vivre* d'Anita Moorjani, cette Indienne habitant à Hong Kong qui s'est guérie en 2006 d'un cancer en phase terminale après avoir vécu une EMI aussi spectaculaire que transcendante, est venu ancrer la certitude que la guérison est avant tout un état de conscience. Plongée dans un coma profond, Anita s'est soudainement retrouvée dans le même espace de pure Conscience et pur Amour que rencontrent la majorité des « expérienceurs » de mort imminente.

Durant le peu de temps qu'a duré ce voyage hors du corps, elle a eu accès simultanément à la perfection de la Source, à ses vies antérieures qui semblaient se dérouler toutes en même temps, à son frère inquiet qui cherchait désespérément à sauter dans le premier avion pour venir lui tenir la main avant qu'elle ne rende son dernier souffle, et aux conversations entre ses proches et les médecins, qui discutaient pourtant à l'extérieur de sa chambre. Quand elle a fait le choix conscient de revenir dans son corps, elle s'est réveillée sous le regard médusé des spécialistes qui l'avaient condamnée à une mort certaine dans les 36 heures vu l'état de détérioration irréversible de tous ses organes. Contre toute attente, elle a recouvré une santé parfaite en moins de six semaines ! Un miracle selon la médecine traditionnelle, une transmutation cellulaire provoquée par une élévation de niveau de conscience pour Anita.

La mort clinique qu'elle a expérimentée lui a permis de réaliser au deuxième niveau combien nos peurs sont la cause de toutes nos maladies. Ses propres peurs l'avaient projetée quelques années plus tôt dans un parcours de grandes douleurs psychiques et physiques. Le cancer dont elle souffrait était en fait la somme de toutes ses peurs accumulées depuis l'enfance. Peur de déplaire, peur de ne pas être à la hauteur, peur de faire de la peine, peur de l'échec, peur de perdre… peur de vivre finalement ! En choisissant de s'abreuver à l'amour et non à la peur, en changeant son système de croyances, Anita s'est guérie de toutes les charges qui se logeaient dans son corps émotionnel et en a dissous les empreintes. Quand le mental conditionné à souffrir cesse de blesser l'émotionnel, le corps physique peut enfin se régénérer. Son témoignage a fait le tour du monde et donné de l'espoir à des millions de gens malades, dont ma jumelle.

En écoutant une entrevue avec Anita Moorjani sur le Net, je constate qu'Anne-Marie a vécu un peu la même expérience, sans avoir à « mourir » pour autant. Se nourrir de peur, elle connaît. Peur d'abandonner, peur d'être abandonnée, peur du manque, peur de s'engager, peur de se tromper, peur de perdre le contrôle, peur de contrôler… peur, peur, peur. Et surtout, la plus grande peur de toutes, la peur de mourir ! Anne-Marie a développé une peur panique de la mort à partir de la naissance de son premier enfant. Elle qui n'avait peur de rien à l'adolescence ! Casse-cou par excellence qui défiait la mort sans cesse, elle s'est mise à développer toutes sortes de phobies le jour où est devenue mère. Assez pour ne plus prendre l'avion depuis trente ans, pour ne plus prendre l'ascenseur depuis autant d'années, pour ne laisser personne d'autre conduire sans se morfondre de trouille dans le siège du passager, pour imaginer le pire quand son mari est 15 minutes en retard… et j'en passe.

Aujourd'hui, c'est terminé ! Si le cancer est né de ses nombreuses peurs, qu'il s'en est nourri et qu'il a pu envahir une partie de son corps en toute impunité pendant des mois, beau paradoxe, il aura aussi été un chemin vers l'ultime guérison. Quand Anne-Marie a réalisé que le méchant crabe qui traumatise la plupart des humains n'avait aucune emprise sur elle, ni sur sa joie de vivre, ni sur son bien-être intérieur, toutes les peurs qui l'habitaient ont disparu d'un seul coup, même celle de mourir.

Pour cela, il lui fallait arrêter de se battre. Ma jumelle sait à présent qu'elle n'a plus à jouer les survivantes. Elle choisit simplement la Vie, ici, maintenant, à chaque instant. Elle sait qu'elle n'a pas à vaincre la maladie, parce que la maladie est aussi la Vie. Et moi, je sais qu'elle va la transcender. Elle n'a qu'à s'élever au-dessus du scénario «cancer» et le regarder avec bienveillance en cessant de nourrir la peur, celle qui s'est traduite par la culpabilité, l'insécurité, l'abandon, la colère. Ce qu'elle fait déjà, sans expectative d'une finalité quelconque, sans volonté de vivre ou de mourir. La joie et la grâce profondes qui habitent désormais au creux de son cœur solaire, et qu'elle appelle «la Maison», lui procurent enfin la sécurité qu'elle a recherchée toute sa vie. Il n'y a plus de lutte, plus de revendication, plus d'attente. Juste la Vie.

Je peux imaginer les renoncements qu'un tel lâcher-prise exige, même si je ne l'ai pas encore vécu. Je ne suis pas religieuse, mais j'ai accepté le concept de Dieu dans ma vie comme étant une Énergie d'Amour infini et de pure Conscience, pure Connaissance, qui existe partout dans l'Univers. Voilà ce à quoi semble toucher mon amie en permanence, ou presque.

Je crois comprendre enfin une autre partie du message reçu récemment en écriture inspirée qui spécifiait ceci : «*La mort n'est que pure interprétation humaine et accumulation des peurs de la conscience collective. Anne-Marie va offrir un témoignage vivant que votre magnifique enveloppe corporelle peut se régénérer et vous mener à la plénitude.*»

Si le cancer mène aux renoncements dont ma jumelle avait besoin pour se libérer de toutes ses peurs et se guérir des blessures karmiques qui y sont associées, et bien qu'il soit béni !

CHAPITRE 15

Les sorcières bien-aimées

Quand j'ai su en mai qu'Anne-Marie était malade, je me suis mise instinctivement à chercher une aide parallèle aux traitements médicaux classiques. Depuis 2010, je recommande sur mon site Internet des dizaines de thérapeutes, tous un peu médiums, qui accompagnent des gens sur un chemin de guérison. J'ai expérimenté à plusieurs reprises ce type de soins et constaté leurs bienfaits dans ma propre vie… quand j'étais prête à guérir. Pour avoir été longtemps malade, j'ai fini par comprendre que la maladie joue un rôle majeur dans nos vies de troisième dimension en agissant en censeur de nos déséquilibres. Tant qu'elle nous sert, nous la cultivons. Comment peut-elle nous servir ? De mille façons. Certains se nourrissent de leurs souffrances physiques et émotionnelles parce que cela leur apporte une attention particulière, une forme de reconnaissance qu'ils ne retrouvent pas en eux. D'autres sont attachés à leur maladie parce qu'elle leur offre la possibilité de se reposer enfin. D'autres encore se rendent malades pour ne pas avoir à assumer la responsabilité de leur bonheur. Bref, on peut avoir autant de raisons d'être malades qu'il y a d'individus. Mais quand on prend conscience que la maladie est en fait une alliée qui nous pousse à reconnaître notre grandeur, à voir notre lumière et à nous ramener dans notre essence, on

peut s'élever au-dessus de la position de victime et accompagner le processus de guérison.

Dernièrement, j'ai entendu parler d'une naturopathe en
Estrie qui, semble-t-il, a développé un don de clairvoyance
assez singulier. Elle affirme pouvoir *scanner* les pathologies et
parasites du corps humain simplement en fermant les yeux
pour mieux les repérer sur son écran mental ! Comme je l'ai
fait pendant des années, alors que j'interviewais pour un
magazine grand public des gens qui ont vécu toutes sortes
d'éveils spectaculaires, j'ai décidé de « tester le produit » dans
le but avoué de le proposer à Anne-Marie, si bien sûr cela en
valait le déplacement ! Totalement subjectif comme processus,
mais en attendant des preuves plus formelles, je me fie à mon
ressenti, qui me trompe rarement.

Je suis ressortie du bureau avec trois cents dollars de produits
créés à base d'herbes censées éliminer les intrus qui se seraient
faufilés dans mes différents organes… et je ne suis même pas
malade ! Sans pouvoir corroborer ses dires, je dois admettre
que j'ai été impressionnée à quelques reprises pendant la séance par le talent de la jeune femme. D'abord, elle a « détecté »
tous les petits bobos dont j'avais souffert dans le passé à l'aide
de son « laser interne ». Et elle en a découvert de nouveaux !
C'est comme laisser sa voiture au garagiste. Le mécanicien va
toujours trouver un ou deux problèmes de plus que ceux pour
lesquels on demandait une estimation !

À mon retour, j'ai relaté mon expérience à Anne-Marie et,
sans en rajouter pour ne pas lui créer de faux espoirs, je lui ai
offert de l'accompagner chez cette thérapeute « nouveau
genre ». Ma jumelle est déjà très ouverte à la médecine parallèle. Lorsqu'elle a su qu'elle devait se faire opérer, elle a

consulté une amie, naturopathe également, qui lui a proposé différents produits naturels. Le traitement avait pour but de nourrir et fortifier son corps pour qu'il puisse traverser l'épreuve de l'opération avec le plus de ressources possible. Des granules homéopathiques en complément venaient soutenir et calmer son système nerveux qui, dans ce genre d'épreuve, a tendance à s'affoler. Anne-Marie est convaincue que cet accompagnement durant les semaines précédant l'intervention chirurgicale, et celles qui l'ont suivie, a fait une grande différence dans sa capacité à récupérer rapidement.

Alors, pourquoi ne pas l'essayer aussi avec les cellules cancéreuses résistantes?

* * *

Le choc du diagnostic passé, Anne-Marie a décidé de reprendre les rênes de sa guérison. Comme elle a reçu plusieurs transfusions sanguines, son amie thérapeute lui a proposé comme traitement postopératoire d'équilibrer sa formule sanguine en continuant de prendre un produit naturel fortifiant. Et puisqu'aucun antidouleur (dérivé de la morphine) prescrit par les médecins ne semblait efficace, Anne-Marie a préféré ne pas les consommer. En guise de compensation, elle a parfois recours aux acétaminophènes pour soulager sa douleur.

Ce matin, je l'emmène voir ma sorcière herboriste. Nous sommes à la mi-juillet, le soleil est radieux, mes enfants sont partis parfaire leur anglais au camp en Ontario, j'ai donc tout mon temps pour vivre pleinement ce moment avec elle. Dans la voiture, je la sens un peu tendue. Sans doute parce que c'est moi qui suis au volant! Paraît que j'ai une sale réputation de chauffard fini, pour qui conduire «est une activité secondai-

re », comme se plaît à le répéter le père de mes enfants ! Il est
vrai que je discute beaucoup plus que je ne conduis, même
quand il n'y a personne dans l'auto ! Je refais le monde avec le
président Obama, je donne des entrevues à des interviewers
imaginaires, je fais ma liste d'épicerie à voix haute… Et quand
je me fais prendre à me parler toute seule à un feu rouge, je
fais mine de chanter pour ne pas passer pour une folle à lier !
Je m'applique donc à garder mon attention sur l'autoroute,
question de permettre à mon amie de se détendre un peu pendant le trajet.

Ma jumelle insiste pour que je sois présente à ses côtés pendant la consultation. Moi qui adore voir les médiums travailler, j'accepte avec enthousiasme. Une fascination qui me
vient sans doute du fait que mes propres dons psychiques
sont en pleine expansion depuis dix ans. Observer les autres
en action contribue à m'ouvrir un peu plus aux mondes subtils.

Le bureau de la naturopathe ressemble à une boutique d'apo-
thicaire remplie jusqu'au plafond de produits naturels en cap-
sules, en teintures mères et en mélanges d'herbes de toutes
sortes créés à partir de ses propres inspirations. On s'assoit
toutes les deux devant la jeune femme, qui questionne Anne-
Marie au sujet de son opération et de ses intentions à propos
des traitements classiques. Ma jumelle a pris la décision ferme
de ne pas subir de chimiothérapie. Pas par contestation de la
médecine traditionnelle, seulement pour suivre ses élans. Elle
ne le sent pas, c'est tout. Déjà qu'elle réagit vivement aux
médicaments, même les plus inoffensifs, alors un remède de
cheval aussi puissant que la chimio risquerait de l'achever. Elle
préfère s'en remettre aux médecines douces et, surtout, à sa
guidance intérieure qui lui montre le chemin de l'autoguérison, pas à pas.

Après ce court bilan, la thérapeute ferme les yeux et fait appel à ses dons de voyance pour examiner par balayage mental le trou béant laissé par l'opération. Elle voit tout de suite qu'Anne-Marie réagit comme une enfant à toute forme de médication et qu'il lui faudra ingérer des demi-doses pour ne pas provoquer un effet de surcharge dans son corps. Ma jumelle se sent déjà en confiance. La thérapeute poursuit «son enquête» en scrutant chaque partie atteinte. Elle détecte entre autres une forme de champignons virulents qui, selon ses dires, composent les cellules atypiques. Le résultat de ses observations serait sans aucun doute hautement contestable devant un comité de médecins, mais il a une résonance pour nous. La naturopathe propose ensuite différents produits à base d'herbes pour aider à éliminer ces parasites. On n'a en fait aucune idée de l'efficacité de ces produits pour combattre le cancer, évidemment, mais Anne-Marie ressent qu'ils vont à tout le moins favoriser un nettoyage de ses systèmes digestif et sanguin. L'objectif étant de créer un terrain plus sain qui ne nourrit plus la maladie.

La consultation prend fin au bout d'une heure. Anne-Marie règle la note et remercie la thérapeute, qui semble persuadée qu'une guérison complète est imminente. Je me dis que même s'il s'agissait d'un effet placebo, ce serait tout de même salvateur. Quand on y pense, l'effet placebo représente une preuve hors de tout doute que le corps humain est capable d'une extraordinaire autoguérison. Sinon, comment expliquer que des patients se guérissent d'affections graves grâce une simple pilule de sucre? Si la foi peut déplacer des montagnes, elle peut certainement faire disparaître des cellules cancéreuses!

Sur le chemin du retour, quelque chose a changé. Une atmosphère de légèreté s'est installée dans l'aura de ma jumelle. Pour la première fois, je la sens certaine de se guérir. De vieillir en santé même, si elle le décide. Parce que la vie ou la mort, ça demeure le choix de l'âme. Or, si Anne-Marie permet présentement à *« l'Être de lumière qu'elle est en réalité de pénétrer avec fluidité les troisième et quatrième dimensions en élevant son taux vibratoire en cinquième dimension »*, comme l'affirmaient les guides dans leur dernier message, j'en déduis sans en comprendre les mécanismes que ma jumelle fusionne avec son Âme et peut ainsi décider consciemment du moment de son départ. Si on s'arrête un instant pour y réfléchir, n'est-ce pas là la base même du concept de la résurrection ? Partir dans la pleine conscience du maître réalisé après avoir dissous toute forme de charge karmique ? Le temps nous le dira, mais je commence à intégrer que la résurrection est possible sans passer par la mort du corps physique.

Et si Anne-Marie décide de rester sur le plan de la matière, sa guérison ne sera pas seulement attribuable à une chirurgie, à des traitements en médecine énergétique ou aux vertus des plantes. Ce serait trop facile. Donner son pouvoir à un quelconque intervenant extérieur, aussi doué soit-il, ne ramène pas la santé optimale. Combien de fois ai-je entendu des histoires de gens qui, après avoir connu une guérison improbable grâce à tel guérisseur ou tel traitement miracle, sont morts de la même maladie peu de temps après parce qu'ils n'en avaient pas guéri la source profonde ?

Non, ce n'est plus une affaire de médication. Pas d'attitude positive non plus. Oui, Anne-Marie reçoit sporadiquement des soins énergétiques qui lui font le plus grand bien. Oui, elle a modifié un peu son alimentation pour soutenir son corps dans le processus. Elle y a ajouté notamment des jus verts, des fruits et des légumes ou d'autres aliments anticancer, et a éliminé certains produits acidifiants, puisque la maladie se développe dans un terrain acide. Oui, elle a cessé de carburer au stress que lui imposait son métier en télévision. Mais au-delà de tout ce qu'elle peut faire ou penser, il y a d'abord son état d'être. Être l'instrument de sa propre guérison. Être la guérison. Être la Vie en tout temps. Voilà le véritable choix qu'elle incarne à chaque instant. Et elle ne cesse de le répéter : «Je choisis de nourrir la Vie, quel que soit le chemin.»

L'important pour l'instant est d'accompagner fidèlement son corps sur la voie de la régénérescence...

* * *

Quelques jours après la consultation avec la naturopathe, j'ai eu envie de savoir comment les différentes médecines contribuent à la guérison physique. J'ai demandé à Anne-Marie d'y répondre par son écriture inspirée. Voici l'éclairage qu'on a reçu sur l'apport des guérisseurs, qu'ils soient médecins traditionnels ou thérapeutes de diverses écoles.

«Les Êtres herboristes accomplissent une démarche qui permet à nombre d'individualités d'accompagner leur véhicule corporel dans une volonté de purification. De cette façon, l'utilisation des éléments de la nature comme les plantes pour élever le taux vibratoire est un réel chemin de santé.

Tous les travailleurs de la santé sont dans une expérience similaire. Ils souhaitent amener la guérison chez leurs frères et sœurs de cette humanité. Ils utilisent différents chemins, chacun y allant avec ses propres croyances, ses valeurs, ses apprentissages et certains conditionnements. Tous sont des enfants de Dieu inspirés par des Êtres de lumière qui sont de la famille de Raphaël, archange de la guérison. Ceci étant bien sûr une image, puisque nous souhaitons amener à votre conscience la connaissance que l'énergie de guérison circule dans toutes les molécules qui sont en suspension dans votre air, dans l'éther, dans le prana. Les travailleurs de la santé puisent à même cette source afin d'amener de la guérison chez les Êtres qui choisissent d'incarner la santé.

Ce que nous cherchons à transmettre ici est que les travailleurs de la médecine traditionnelle utilisent des mots comme cancer, sarcome, tumeur. Les travailleurs de la médecine des plantes peuvent employer des mots comme amibes ou champignons. Il faut retenir que le corps, qui est un écosystème complexe, abrite une multitude d'êtres vivants qui agissent en alliés quand l'équilibre est maintenu, et deviennent des intrus quand il y a déséquilibre ou un appel à la transformation.

La thérapeute a observé certaines composantes à l'intérieur du véhicule corporel d'Anne-Marie et elle a proposé une médecine qui va permettre un bon nettoyage, pour ainsi dire. Ceci va offrir au corps physiologique un accès à une plus grande quantité d'énergie vitale pour entreprendre le chemin que nous avons mentionné précédemment. Pour ce qui est de ce que la médecine traditionnelle a nommé cancer, et que nous nommons transformation cellulaire, lorsque le travail de transmutation sera accompli, il n'aura plus sa raison d'être, parce que le corps aura fait le passage et vibrera en cinquième dimension. »

Quoi comprendre de ce message? Que tous les gens qui travaillent dans le domaine de la santé sont inspirés et reçoivent une guidance dans leur mandat de favoriser la guérison. Et chacun le fait en fonction de ses croyances et de son système de conditionnement, ce qui peut parfois déformer le message. Quoi qu'il en soit, les différentes approches des trois grandes médecines, traditionnelle, ancestrale (celle des plantes) et universelle (énergétique), veulent toutes soigner et permettre un retour vers la santé globale. Y a-t-il des champignons dangereux dans le corps de ma jumelle ? Aucune idée. Mais on comprend, à la lecture de ce texte, que les herbes vont permettre un bon nettoyage, exactement ce qu'Anne-Marie a ressenti en sortant du bureau des deux naturopathes. Tout comme l'hystérectomie a fait un grand ménage dans son *hara* et que les soins énergétiques permettent une circulation d'énergie dans son corps pour soutenir le mouvement de guérison.

Ce qu'on en retient, c'est que son corps est en pleine transmutation et qu'il cherche présentement le chemin vers la fameuse cinquième corde, c'est-à-dire un taux vibratoire plus élevé qui ne laisse plus place aux cellules altérées de troisième dimension.

Reste à savoir quand et comment ! Encore une fois, on comprendra plus tard ce que veut dire concrètement dans l'expérience d'Anne-Marie « le corps aura fait le passage et vibrera en cinquième dimension ».

«Je me suis installée sur mon balcon
et je l'ai appelé en pensée.
Ça n'a pas pris 10 minutes qu'il arrivait...»

CHAPITRE 16

Le chien guérisseur

Chaque fois que je me pointe chez mon amie, il y a un jeune labrador croisé tout chétif qui traîne sur son balcon. Anne-Marie attire les animaux comme un aimant. Même Alice, mon schnauzer nain, devient totalement infidèle quand elle voit ma jumelle entrer dans la maison. La chienne tourne en rond comme une toupie, saute de joie, hurle comme une louve en rut et s'installe hypnotisée sur le divan dès qu'Anne-Marie s'assoit dans mon salon. Je soupçonne mon amie depuis toujours d'acheter l'amour des animaux avec la bouffe, mais au-delà des gâteries qu'elle leur offre systématiquement en arrivant, il y a un magnétisme que je ne m'explique pas trop bien entre elle et le règne animal, même si je suis moi-même férue des bêtes.

À la campagne, elle a déjà sa grosse Lilou, un mélange de berger allemand et de golden retriever, adoptée à la SPCA (Société pour la prévention de la cruauté envers les animaux) il y a trois ans, et son chat Charlot. Mais ce n'est jamais assez. Avant de tomber malade, Anne-Marie planifiait acheter une pouliche née à l'écurie en mai… ou un autre cheval, au gré de ses coups de foudre qui changent toutes les semaines ! Son nouveau dada de l'été est de sauver le chien vagabond du quartier.

– C'est mon docteur Marcus Welby. Il me fait un bien fou, ce chien !

Ça ne nous rajeunit pas quand les enfants me demandent qui est le docteur Welby ! Cette figure emblématique de la série télé américaine du même nom, diffusée dans les années 1970, a marqué notre jeunesse en nous montrant le visage d'un médecin de famille bon et doux qui prend soin de ses patients avec une compassion inégalée. Anne-Marie en a gardé un souvenir réconfortant qui, faut-il en conclure, agit en ce moment comme un baume sur toutes ses plaies.

Thomas ne semble pas tout à fait du même avis ! Je sens par contre qu'il n'ose rien dire pour ne pas contrarier sa douce moitié en convalescence. Je dois admettre que le chien a quelque chose de très attachant, malgré sa maigreur et la texture peu attirante de son poil d'animal errant. Une lueur dans son regard m'est familière, presque troublante même. Il ressemble à Spyke, mon vieux bâtard décédé à l'hiver 2012, qui m'a accompagnée tout au long de ma guérison émotionnelle. « Un autre chien guérisseur ! Je suis plutôt mal placée pour critiquer, puisque je ne serais pas passée à travers mes interminables peines d'amour sans le mien ! »

Je me garde bien de faire cette remarque à voix haute, pour ne pas déclencher une chicane de couple, mais je comprends ma jumelle de vouloir le garder. Et je connais ses méthodes un brin machiavéliques pour obtenir ce qu'elle veut quand elle le veut, alors on peut présumer que son généreux mari va finir par céder au chantage émotif, même s'il n'a aucune envie d'accueillir un deuxième chien dans la maison !

– Il est tellement formidable. Regarde ses yeux! On dirait un humain. Ce matin, quand je me suis levée, je me sentais moche et un peu étourdie. Je me suis installée sur mon balcon et je l'ai appelé en pensées. Ça n'a pas pris 10 minutes qu'il arrivait en courant par le chemin de la montagne.

– Il n'a pas de maître, ce chien-là?

– Je ne sais pas. Je crois qu'il appartient à une famille du voisinage, mais il est tellement maigre qu'il ne doit pas manger souvent.

– Bon, te voilà encore en grande sauveuse d'animaux!

Anne-Marie a la fâcheuse habitude de vouloir sauver toutes les bestioles en perdition qu'elle croise sur sa route. Elle a pris sous son aile des tonnes de chats errants qui ont tous fini par disparaître après lui avoir coûté une fortune en soins vétérinaires. Elle a aussi sauvé un bébé écureuil abandonné par sa mère. Elle l'a nourri et gardé dans une cage tout un hiver jusqu'à ce qu'elle puisse le relâcher dans la forêt au printemps. Son histoire d'amour pour les animaux date de sa tendre enfance, époque où elle cachait un chiot dans le garage de la maison familiale pour éviter qu'on l'amène à la fourrière. Quand sa mère a découvert le subterfuge, il était trop tard pour se débarrasser du petit pensionnaire. Anne-Marie y était si attachée qu'elle en aurait fait une dépression. S'il est vrai qu'on va devoir se rapprocher de la nature et des animaux pour s'élever en vibration et entrer dans le Nouveau Monde, ma jumelle y est sûrement déjà bien installée… et je la suis pas trop loin derrière!

* * *

Aujourd'hui, Welby n'est pas venu faire son tour. Anne-Marie est partie en tournée de reconnaissance avec Thomas pour savoir où il pouvait bien se cacher. Quand elle l'a aperçu, attaché dans la cour d'une maison située plus haut dans la montagne, elle s'est effondrée de peine. Le chien se tortillait pour aller la retrouver, mais se faisait tirer brutalement vers l'arrière chaque fois qu'il arrivait au bout de sa chaîne. Elle ne pouvait même pas l'approcher pour le caresser quelques minutes, parce qu'un autre mastodonte, aux crocs acérés et jappant à tout rompre à ses côtés, l'en empêchait.

On pourrait trouver exagérée, voire enfantine même, la réaction de ma jumelle. Ce n'est pas son chien après tout et elle devra se faire une raison. Il ne reviendra pas la voir si ses maîtres le gardent attaché à la maison tout l'été. Mais, dans les faits, cet incident a réveillé une fois de plus le monstre de l'abandon sommeillant encore quelque part au fond de ses entrailles. Par cette expérience, elle prend conscience que son karma n'est pas totalement épuré. Elle a beau se raisonner, le sentiment envahissant qui l'habite présentement est relié au fait d'abandonner ce chien sans lui dire d'abord au revoir. Comme cela avait été le cas chaque fois qu'elle avait dû déménager dans sa jeunesse sans pouvoir faire ses adieux en bonne et due forme à ses amis du voisinage. On ne soupçonne pas à quel point nos thèmes karmiques, tels l'abandon, la trahison, le rejet, l'humiliation, l'injustice, la culpabilité, ont des ramifications profondes et peuvent ressurgir à tout moment sans crier gare… même pour un chien !

J'ai appris avec le temps à ne pas juger dans ces circonstances. J'ai suffisamment souffert dans des scénarios qui, de l'extérieur, pouvaient être interprétés comme insignifiants et immatures, pour comprendre qu'on ne peut pas se fier uniquement aux faits. Une peccadille sans conséquence pour l'un peut devenir un drame pour l'autre en fonction des mémoires qui se réveillent selon l'expérience et, surtout, de l'interprétation qu'on en fait. Ça peut sembler totalement irrationnel, et ça l'est! Il n'y a rien de rationnel quand nos vieilles blessures karmiques se réveillent et demandent de plus en plus intensément notre attention pour être guéries et dissoutes. Pour me réconcilier avec mes nombreuses chutes karmiques, on m'a montré il y a quelques années que l'émotion brute avait pour but de brûler les vestiges de plusieurs vies quand notre âme demande à se libérer de ces charges nous maintenant prisonniers dans le cycle de la souffrance. Et quand on fait le choix conscient de s'élever et de retourner à la Maison, la Vie ne nous laisse pas beaucoup de répit… mais elle nous envoie aussi une tonne de gratifications!

* * *

La récompense est tombée du ciel quelques semaines plus tard, alors qu'Anne-Marie avait fait le deuil de son chien guérisseur. Un beau matin, vers la mi-août, Welby est apparu haletant, battant de la queue à tout casser sur son passage, pour faire un petit coucou à ma jumelle… Et il n'est jamais reparti!

L'histoire ne dit pas si les propriétaires, sachant que d'autres amoureux des animaux en prendraient soin, lui ont volontairement redonné la liberté de vagabonder où bon lui semblait, comme à son habitude. Ou peut-être ont-ils secrètement assisté à la scène déchirante entre Anne-Marie et leur chien prêt à arracher ses chaînes pour aller la rejoindre? Qu'importe au fond, si la conclusion est digne d'un épisode de *Docteur Marcus Welby*, avec une fin à l'américaine comme on aime ça. Ma jumelle a maintenant ses deux chiens à la

maison, Thomas s'étant laissé séduire par le charme irrésis-
tible de Welby, presque autant que par celui de sa femme !

CHAPITRE 17

Crise de colère

Le plus difficile pour Anne-Marie cet été, ce n'est pas le cancer, mais bien le fait de ne pas pouvoir monter sa belle jument, Tara. Un matin de juillet, alors que je contemplais mon cheval en train de brouter l'herbe encore humide de la rosée matinale, j'ai vu ma jumelle, tout excitée, arriver sur le chemin de l'écurie. Assise du côté passager de la voiture de Thomas, elle m'envoyait la main en riant comme une enfant. Elle ne m'avait pas prévenue qu'elle viendrait faire son tour, alors j'étais doublement contente de cette visite impromptue. Son mari, complice, l'a conduite directement jusqu'en haut du champ, là où se trouve le troupeau en stabulation libre, pour lui permettre de caresser le museau de Tara de l'autre côté de la clôture électrifiée.

Anne-Marie ne cesse de me surprendre depuis le début de sa convalescence. Sa cicatrice est déjà toute guérie et ses maux de ventre ont pratiquement disparu. Sa jambe droite, par contre, demeure partiellement handicapée. Puisque le nerf fémoral n'alimente plus le quadriceps, sa musculature s'est affaissée complètement et elle n'a plus aucune force dans la cuisse. En plus, une insensibilité partielle en atteint toute la partie intérieure. Mais le corps humain étant une formidable machine aux ressources insoupçonnées, elle a trouvé une façon de compenser avec les muscles périphériques. En guise de support temporaire, Anne-Marie porte également une attelle qui maintient son genou rigide, et son autre jambe prend brillamment la relève au besoin. Grâce à cette adaptation biomécanique improbable, ma jumelle réussit à monter et descendre les escaliers sans avoir recours à une canne, et quand elle marche, sa boiterie est à peine perceptible. Reste que côté équilibre, elle perd pied régulièrement et se retrouve au plancher, comme un enfant qui apprend à marcher.

Je l'ai observée à distance descendre de la voiture. Thomas lui a prêté son bras pour l'aider à s'extirper de la banquette. La fierté de l'amoureux inconditionnel en lui était perceptible à des dizaines de mètres. Depuis le début de cette aventure, son regard admiratif sur sa *superwoman* ne s'est jamais démenti. Je crois que l'épreuve du cancer a renforcé leur lien relationnel, entre autres parce que Thomas semble trouver un sens très nourrissant à son nouveau rôle d'aidant naturel. Homme généreux et affable de nature, il prend toute son ampleur quand il se met au service d'une cause. Que ce soit dans son mentorat auprès de jeunes professeurs au collège où il enseigne, son implication au club de tennis de notre petit quartier domiciliaire ou pour améliorer le bien-être de sa femme, il démontre le même engagement et le même enthousiasme.

Je me suis approchée doucement avec mon gros Solo en laisse qui tirait pour trouver une nouvelle talle de trèfles à broyer dans le champ mitoyen. Hélène, une amie de télé d'Anne-Marie avec qui elle partage son cheval en demi-pension, est arrivée en renfort au même moment pour sortir Tara de son pacage. Une grande émotion m'a parcouru l'échine. Ma jumelle attendait ce moment depuis des semaines. Revoir son cheval était peut-être une de ses plus grandes motivations à vivre. Je ne dis pas qu'elle aime plus les bêtes que les humains, mais il semble que la grâce magistrale de cet animal lui permette de toucher à la sienne de façon encore plus incarnée. En clair, les chevaux ont sur elle un effet thérapeutique plus puissant que toutes les psychothérapies ou potions magiques offertes sur le marché !

Pendant qu'on discutait entre filles, Thomas s'est dirigé vers l'écurie et y est entré avec mes enfants. Sans demander notre aide, Anne-Marie a réussi au bout de plusieurs contorsions à s'asseoir dans l'herbe pour regarder les chevaux brouter. Après quelques minutes de bavardage enjoué, Hélène a décidé de ramener Tara dans le troupeau, parce qu'elle devait rentrer au travail. Comme elle a peu d'expérience avec les chevaux, j'ai proposé de m'en occuper puisque la jument refusait obstinément d'avancer. Devant la peur d'Hélène de prendre mon cheval en échange, qui est beaucoup plus gros et imprévisible, Anne-Marie a tenté de nous venir en aide et elle a trébuché. Retrouvant difficilement son équilibre dans les dénivellations du champ, elle s'est relevée pour agripper la laisse de sa jument. Tara s'est braquée de nouveau et Anne-Marie a perdu l'équilibre une deuxième fois. Paniquée, ma jumelle s'est mise à chercher désespérément son mari du regard. Ne le voyant nulle part, elle s'est emportée vivement.

Anne-Marie n'en était pas à sa première crise de colère, ni même à la dernière. D'aussi loin qu'elle se souvienne, elle a toujours eu à composer avec ce volcan intérieur qui menaçait à tout moment de se réveiller. La gestion de ces débordements d'émotions brutes demeure pour elle un défi important à ce jour, malgré la rédemption qu'elle semble connaître depuis son cancer. Moi qui avais un père colérique qui nous faisait trembler de peur quand il se fâchait, je perds tous mes moyens chaque fois que quelqu'un pique une sainte colère de ce type, même si je n'ai rien à me reprocher. Bien que la colère d'Anne-Marie fût dirigée contre Thomas, qui avait disparu depuis beaucoup trop longtemps à son goût, j'ai ressenti un profond malaise en la voyant exploser de rage avant d'éclater en sanglots.

– Non, mais, qu'est-ce qu'il fait en dedans pendant que je suis au champ? Il sait que je ne suis pas solide sur mes pieds, hurlait-elle en vociférant entre deux blasphèmes toutes les insultes qui lui passaient par la tête!

– Calme-toi, Anne-Marie, on va s'arranger.

– Je n'arrive pas à concevoir qu'il ait pu m'abandonner comme ça avec les chevaux en sachant combien je suis démunie!

Il est vrai que Thomas était parti depuis un bon moment déjà, mais nous étions deux filles avec elle au champ pour prendre la relève. J'ai tenté de raisonner Anne-Marie, en vain. J'aurais pu me taire et laisser passer la tempête, mais j'ai plutôt choisi d'en rajouter et de prendre la défense de son mari en justifiant qu'il voulait sans doute nous donner du temps entre amies. Mauvaise idée, qui n'a eu pour effet que d'attiser encore plus sa colère!

Cet épisode n'a duré que quelques minutes, le temps que ma fille assiste à la scène et court chercher Thomas dans l'écurie pour qu'il raccompagne sa femme en pleurs à la maison. Mais l'intensité de l'émotion en disait long sur la charge qu'Anne-Marie avait à évacuer. Bien sûr, personne n'était responsable de cette réaction démesurée. Thomas ne l'avait nullement abandonnée, mais la sensation de perte de contrôle avait fait ressurgir en elle une peur profonde reliée à tous les abandons qu'elle avait subis dans sa vie.

Sur le chemin du retour, les enfants m'ont posé un tas de questions dans le but de décanter la scène à laquelle ils venaient d'assister. Ma fille était particulièrement troublée, surtout parce qu'Anne-Marie lui renvoie un miroir grossissant de son propre caractère, ce qui l'effraie grandement. Mon ado plutôt impulsive se fait peur elle-même, en fait, parce qu'elle doit régulièrement gérer ses montées de colère incontrôlables, surtout quand son frère vient habilement la piquer au vif dans ses zones sensibles. Je ne suis pas revenue sur le sujet dans l'auto, ne comprenant pas trop bien moi-même ce qui s'était passé dans la tête de mon amie pour qu'elle explose de la sorte, mais je comptais bien clarifier la situation avec elle au moment opportun.

Anne-Marie me l'a offert quelques heures plus tard. Elle est venue nous rendre visite, d'abord pour s'excuser d'avoir perturbé ma fille, mais aussi pour nous expliquer ce que cet incident, anodin à première vue, avait déclenché en elle.

– J'ai parlé longuement avec Thomas et je lui ai demandé pardon. Lui aussi s'est excusé de m'avoir laissée au champ si longtemps. Il était en pleine discussion avec le conjoint de la propriétaire de l'écurie, qui est également professeur de physique, et n'a pas vu le temps filer. J'ai expliqué à Thomas que son absence avait ravivé plusieurs blessures d'abandon datant de mon enfance. Toutes les fois que je me retrouvais seule avec mon petit frère à la maison, en attendant que mes parents reviennent, je ressentais cette même inquiétude. Quand je me blessais ou que je me retrouvais en situation de danger, mes parents étaient toujours absents. Thomas a compris ma réaction. Tout va beaucoup mieux maintenant.

Parce qu'il n'y a rien comme la désarmante honnêteté, cette petite conversation à cœurs ouverts nous a permis de dédramatiser l'incident. En faisant preuve d'une transparence digne de son nouveau niveau de conscience, Anne-Marie a désamorcé la crise de main de maître. Sans compter qu'elle m'a permis au passage de mettre des mots sur ce que je ressens quand je suis témoin d'un tel accès de colère, et de dissoudre cette vieille mémoire de frayeur démesurée.

J'ai attendu un certain temps avant de lui suggérer d'écrire sur cette énergie de feu qui l'habite depuis la naissance. La réponse qu'elle a reçue en écriture inspirée apporte des précisions qui vont en soulager plus d'un, parce que même pour les plus doux, la colère est une des premières émotions qui remontent à la surface quand ils apprennent qu'ils sont atteints d'une maladie grave pouvant entraîner la mort.

« L'Énergie de Vie qui pénètre dans le véhicule corporel des êtres humains, pour venir explorer le monde de la matérialité, se déploie dans une multitude d'expressions. Imaginez une explosion de couleurs, tel un feu d'artifice qui jaillit dans un vaste ciel étoilé. Imaginez que chaque Être vivant sur cette Terre possède son propre ciel dans lequel il crée un spectacle unique, inspiré par une musique qui lui appartient, celle de son Âme.

Toute expression, toute charge révélée par le corps émotionnel, est en réalité issue d'une seule et même énergie, l'Énergie créatrice, l'Énergie de Vie. Ce que vous nommez crise de colère, ce que vous nommez pleurs de tristesse, ce que vous nommez rires de joie sont en réalité des manifestations d'une seule et même énergie : l'AMOUR.

Entendez-nous. Tout ce que vous observez, tout ce que vous ressentez, toute action que vous posez, tout en ce monde est une expression de l'énergie d'Amour. Il n'y a que l'Amour. Il n'y a que cette Vérité. Dans le Grand Plan de la Vie, de la Création, tout est Amour.

Lorsqu'une personne exprime de la colère, elle expulse l'énergie de Vie comme la Mère Terre qui crache le feu de ses entrailles lors d'une éruption volcanique, semblant vouloir ainsi détruire tout ce qui l'entoure. Quand le volcan s'apaise, il reste cette impression de désolation où tout est consumé, tout semble perdu. Mais qu'en est-il en réalité? Rien ne meurt, tout se transforme. Là où il y a des cendres après un jour de feu, une forêt majestueuse se déploiera un autre jour, tel le nouveau-né rempli de promesses.

Les Êtres vibrent au même titre que la Mère Terre. Ils sont en apprentissage de la puissance de l'énergie qui les habite. La flamme de vie chez certains se fait plus discrète, tandis que chez d'autres elle est visible à des kilomètres. Pourtant, que le feu d'un individu s'exprime à l'extérieur par une explosion, ou à l'intérieur par une implosion, le feu est bien réel. Même si ce feu semble plus discret chez plusieurs, il peut faire les mêmes ravages, ceux-ci étant manifestes à l'intérieur d'une personne plutôt qu'à l'extérieur. Les apparences sont parfois sujettes à interprétation. Elles vont créer des illusions qui amènent jugements et culpabilités à se dissoudre ultérieurement.

L'Énergie colère-tristesse-joie explore la matérialité à travers le véhicule corporel et cherche à s'équilibrer, à se réaliser dans sa pleine puissance. Par les différentes expériences que chaque Être vivant aura explorées, dans de multiples incarnations, cette Énergie aura fait un parcours complet. Ce parcours traverse le corps émotionnel dans tous les centres énergétiques, c'est-à-dire tous les chakras de la base à la couronne, pour en arriver à maîtriser le processus de création dans la matière. Ce processus étant celui de l'alchimiste qui possède en fin de compte tous les outils nécessaires pour créer le monde en gestation dans la matrice terrestre que vous appelez Nouveau Monde ou encore Paradis.

Anne-Marie est arrivée sur cette Terre avec une énergie qu'elle avait de la difficulté à canaliser dans son corps. Trop d'énergie dans un tout petit véhicule corporel. Imaginez une ampoule de 400 watts dans un réceptacle ne pouvant en contenir que 200. Ceci fut très douloureux pour elle. Cette douleur provoquant des cris, des pleurs, de la colère et de la tristesse parsemés de moments d'état de grâce lorsque l'énergie, se reconnaissant dans sa puissance, arrivait à s'exprimer dans son rayon de pure joie. Anne-Marie a ainsi valsé avec l'énergie qui se déversait dans différents vases d'expression, dans toute la palette de couleurs offerte par l'expérience sur terre. Ce fut un long pèlerinage menant à la reconnaissance de l'Essence d'Amour semée en son cœur et qui ne cherche qu'à rayonner.

L'expression de la colère, tout autant que l'expression de la tristesse et de la joie, a contribué à la guérison d'Anne-Marie. La colère cache une peine d'abandon qui est en réalité l'oubli de sa propre nature, l'Amour. Ainsi, lorsque les êtres aimés, parents, enfants, amoureux, qui ont parsemé son chemin de vie semblaient vouloir l'abandonner, l'énergie en son centre se manifestait par un éclat de colère suivi d'un torrent de larmes. Les larmes permettent un retour à la circulation naturelle et équilibrée de l'Essence d'Amour à l'intérieur de chacune de ses cellules, en quelque sorte, en éteignant le feu qui brûlait dans ses entrailles. S'ensuivait enfin un retour en sa nature profonde, qui est pure joie.

Anne-Marie a été en apprentissage pour conscientiser que l'abandon des êtres aimés n'est en réalité que pure illusion. L'Amour était en réalité tapi dans tout son Être. L'apprentissage l'a amenée à réaliser qu'elle peut choisir de ne plus s'abandonner elle-même. Ceci est accompli. Ainsi, l'expression de la colère n'a plus sa raison d'être puisqu'elle a permis, avec la tristesse et la joie, de créer un pont entre le cœur physique du corps et le cœur solaire, lieu où réside l'Essence de l'Être, la volonté de création et la Vie éternelle.

Bien sûr, Anne-Marie va encore exprimer des moments de colère qui la ramèneront rapidement à la Source de son Être. Ils lui indiqueront le chemin du retour en son cœur solaire quand la personnalité aura emprunté, dans un moment d'égarement, des routes secondaires.

Vous nous saisissez ? »

Très bien, merci !

Cet éclairage permet en plus de mettre un terme à toute forme de culpabilité que ma jumelle pourrait entretenir au sujet de ses épisodes de colère. Parce qu'il y en aura d'autres ! Dans ces cas, elle n'aura plus à demander « pardon d'être une mauvaise personne » comme elle le faisait quand elle était enfant, puisque tout est Amour. Fini le jugement face à cette émotion mal interprétée qui représente pourtant un formidable moteur de changement. La colère, lorsqu'elle est bien canalisée, provoque les changements qu'on souhaite tous voir en ce monde. On n'a qu'à regarder ce qui s'est produit en 2011, pendant le printemps arabe, pour reconnaître la puissance de transformation associée au sentiment de colère. Par contre, si cette colère est dirigée contre d'autres personnes ou contre soi-même, bien sûr qu'elle sera destructrice. L'émotion brute n'en demeure pas moins une puissante énergie de feu qui peut tout transformer sur son passage, permettant à ceux qui la manifestent de retrouver le chemin de la pure joie, ce qu'Anne-Marie est train de démontrer.

J'en ai aussi profité pour lui faire mes excuses d'avoir jeté de l'huile sur le feu, par incompréhension. Grâce à son écoute et à son accueil, j'ai vite retrouvé ma légèreté, notamment en touchant à la sensation qu'on venait toutes les deux de faire un autre pas de géant vers la guérison.

CHAPITRE 18

Repos forcé!

La sensation du temps qui s'accélère n'est clairement plus qu'un mythe. Je n'ai pas vu l'été nous filer entre les doigts! Je suis étourdie juste à penser qu'il faut bientôt retourner en ville préparer la rentrée scolaire. Et même si je n'ai pratiquement rien fait pendant toute la période estivale, j'ai l'impression d'avoir seulement cligné des yeux pour constater en les rouvrant que l'automne est à nos portes.

Pourtant, ce n'était pas mon plan initial. Oui, j'avais l'intention de me poser et d'en profiter pour passer de bons moments avec Anne-Marie, mais je prévoyais aussi écrire l'histoire de sa guérison en temps réel et la suite de *C'est quoi l'amour?*, à temps perdu. Gros programme! À la fin juillet, changement de plan majeur, mon corps s'est rebellé et m'a montré la véritable voie à suivre. J'aurais pourtant dû en déceler les signes avant-coureurs. Je souffrais notamment d'une désagréable extinction de voix qui perdurait depuis des mois et les vacances ne semblaient pas contribuer à m'en rétablir. Pour retrouver ma voix, j'avais déjà constaté l'évidence qu'il me fallait faire relâche de l'enseignement et cesser de chanter, une de mes passions devenue au fil des ans mon exutoire préféré. Mais je n'en comprenais pas le deuxième niveau.

Un soir, alors que je me préparais à sortir au resto avec mon amoureux, je me suis penchée du haut de mon mètre soixante-dix-huit pour appliquer de la crème hydratante sur mes jambes… et je suis tombée par terre en hurlant de douleur ! Une sensation comparable à un coup de poignard dans le bas du dos que je reconnaissais trop bien pour l'avoir expérimentée à plusieurs reprises. En fait, chaque fois que j'ai refusé de voir les signes de la Vie m'indiquant la bonne direction à suivre, mon corps m'a parlé. Une chance que Stéphane se trouvait à mes côtés pour m'aider à me hisser sur le lit, parce que je serais restée étendue sur le plancher de ma salle de bain pendant des heures avant que quelqu'un ne me rende visite à l'improviste ou ne s'inquiète de mon absence !

J'ai d'abord pensé, en faisant une analyse mentale rapide, que je m'étais créé une entorse lombaire par pure sympathie, « parce que je prenais la maladie de mon amie sur mon dos ». Anne-Marie ne pouvait pas être la seule à s'immobiliser pendant quelques mois non plus. Il fallait que je fasse ma petite sœur copieuse, comme à mon habitude ! C'est le propre des jumeaux cosmiques, je vous le rappelle. On vit simultanément les mêmes défis, sans nécessairement emprunter le même sentier. Mais en méditant, j'ai reçu ce que je nomme un « téléchargement du ciel ». C'est mon nouveau mode conscient de communication avec mon âme. Quand j'ai besoin d'un éclairage, je me pose quelques instants pour permettre à l'information de descendre des plans subtils et de se « télécharger » dans mon cerveau sous forme de fichier informatique compressé que je dois par la suite ouvrir et déchiffrer.

Cette fois, l'image qui s'est présentée m'a ramenée au texte magnifique, quoique nébuleux, qu'Anne-Marie m'avait offert en cadeau de mariage, le 21 décembre 2012. J'avais choisi la date de la « fin du monde » pour organiser une grande célébration pendant laquelle je me mariais avec moi-même. J'ai même inventé de toutes pièces un rituel pour l'occasion. Je m'unissais ensuite symboliquement à mon partenaire de vie tout en accueillant le Nouveau Monde et mes 50 ans! Disons que j'ai déstabilisé quelques personnes de mon entourage avec ce concept «4 dans 1» pour le moins insolite, mais je me devais d'honorer mes élans. Depuis plusieurs années, je m'entendais dire à tous mes amis que je me marierais le 21 décembre 2012. Je ne savais pas avec qui (!), mais je sentais au plus profond de moi que cette date butoir de la fameuse bascule de conscience pour l'humanité serait un symbole d'union pour moi, peu importe la forme que cela prendrait. Cette forme a d'ailleurs changé de nombreuses fois en cours de route, passant d'un mariage avec mon ex-conjoint et flamme jumelle Jimmy à un potentiel amant pas disponible pour finir par un mariage avec moi-même! Mais la sensation de fond est toujours demeurée la même: compléter mon incessante quête d'idéal par une grande fête de l'amour, marquant du coup le passage de l'ère de la dualité à celle de l'unité. Et j'ai découvert sur ce chemin que pour vivre une relation de couple idéale, il fallait d'abord que je me sois complétée moi-même, que je me sente pleine d'amour-propre à en déborder pour enfin me guérir de mes nombreuses blessures amoureuses. De cette façon, je pourrais m'attirer un partenaire vibrant à cette même fréquence d'auto-nomie affective pour former avec lui ce que les guides ont appelé un couple solaire (les textes sur ce sujet sont retransmis dans *C'est quoi l'amour?*)… et, bien sûr, pour copier ma jumelle qui le vivait déjà avec son maître de mari!

Comme on nous l'a transmis en canalisation, cet idéal tant espéré de vie à deux passe avant tout par l'ouverture et l'acti-vation du cœur solaire. Si je comprends cet enseignement d'un point de vue intellectuel et que je reconnais physique-ment dans ma poitrine la sensation associée à la vibration du cœur, je n'ai toujours pas intégré cette notion dans toutes ses subtilités. Je sais que le cœur solaire pour chacun de nous recèle un «joyau énergétique», un genre de prisme cristallin virtuel présent au centre du chakra qu'on peut ressentir lorsqu'on commence à guérir de nos blessures émotionnelles et qu'on entre dans la pleine conscience. Le mystère demeure entier par contre quand j'essaie de me faire une image mentale de son action pour nous propulser vers l'ascension dans la cinquième dimension.

En repensant à ce message du 21 décembre 2012, j'ai demandé à Anne-Marie d'élucider le passage toujours aussi obscur, mais qui pourrait aujourd'hui expliquer les défaillances de mon corps.

Voici d'abord l'extrait en question, puis les explications de nos guides 18 mois plus tard:

«… *chère France, vous allez maintenant vous introduire doucement dans un espace où la parole laisse place aux échanges silencieux. Vous allez être guidée par vos amis des autres sphères de création à rencontrer des formes de vie différentes de tout ce que vous avez pu concevoir ou imaginer jusqu'à maintenant. Cela sera.*

Si vous le choisissez, une autre création, qui est en gestation dans la matrice de toutes possibilités de votre Être, pourrait voir le jour en cette Terre pour la suite du Grand Plan. Vous pourriez, par votre création unique, permettre l'accueil des énergies du renouveau dans votre propre canal. Grâce à une inspiration continue, vous pourriez créer un projet de conscientisation et d'intégration des assises de cette recherche de tout Être incarné à travers la connaissance pure. Une expérimentation qui sera vécue par toute forme de vie sur cette Terre en une participation à de nouvelles formes d'échanges entre les différents niveaux de conscience, avec le développement de facultés qui sont l'héritage des enfants de demain. Ceux et celles qui investissent un corps de matière auront besoin de guides pour leur permettre de déployer leurs ailes et d'amener ici les semences qui ont été déposées dans le cœur de leur Être…»

«Chers frères des étoiles, j'ai besoin d'éclaircissements. Je suis prête à comprendre ce passage et son lien avec ma perte de voix et mon mal de dos, si tel est le cas!»

«Chère âme bien-aimée, nous vous saluons. Vous avez déjà fait le choix de poursuivre l'expérience sur ce plan de vie à travers les nouvelles formes de création qui naissent de l'ouverture du cœur solaire. L'inspiration va désormais passer par ce cœur solaire, et le véhicule corporel s'adaptera à ce nouveau point de réceptivité.

Le corps est en transformation. Le vôtre, chère âme, et celui de votre jumelle. Vous en ressentez les effets par différents malaises. La parole doit laisser place à l'acte vécu. L'énergie qui cherche à vibrer maintenant à partir du point d'ancrage du cœur solaire vient redéfinir le mouvement des chakras. Comme le chakra de la gorge est particulièrement activé en ce qui vous concerne chère âme (euh… euphémisme!), il faut permettre un temps de repos afin de créer un nouveau circuit d'expérimentation. Le silence est un allié précieux dans votre temporalité actuelle puisqu'il offre au véhicule corporel un temps de repos et de régénération.

Vous observez, comme c'est le cas aussi pour votre jumelle, que le véhicule corporel requiert de manière intensive le besoin de ralentir sa course. Pour ce faire, il amène la volonté

*de la personnalité dans un espace d'immobilité afin de pour-
suivre le travail qui s'opère dans le plan de la cinquième
corde. L'attention de l'Être, pour toutes les deux, est orientée
vers la cinquième dimension.*

Le cœur solaire vibre. Le corps s'immobilise et se tait.

*Cette période de ressourcement est une composante indispen-
sable pour permettre le passage que vous avez choisi d'effec-
tuer, et cela demande à la personnalité de se poser. Le véhicule corporel a reçu la demande de l'Âme et crée des dysfonc-
tions comme celles que vous expérimentez quand les person-
nalités poursuivent un mouvement qui vient bloquer le
transfert énergétique en cours. Ceci est une réalité pour les
jumelles. Les corps refusent le mouvement et demandent un
temps d'arrêt.*

*Le temps actuel n'est pas à la compréhension par le mental.
Le temps actuel n'est pas à l'enseignement. Le temps actuel
n'est pas au travail de transmission par l'écriture, puisque
cette expérience n'est pas encore complétée. Le temps actuel
est à la réceptivité, à l'accueil, à l'intégration, à l'ouverture,
à l'abandon, au repos, à la jouissance des éléments de la
nature. La période actuelle vous permet de retoucher à la
confiance de l'enfant qui est guidé et qui s'abandonne à ses
parents, sachant que la prise en charge permet l'expérience
dans la légèreté, le plaisir, le jeu et l'enthousiasme.*

*Les malaises et les douleurs des véhicules corporels provien-
nent de la résistance à vous placer dans une perspective de
réceptivité et d'abandon. Il faille abandonner le contrôle du
véhicule pour que le Maître en chacune de vous puisse
prendre le volant et mener l'Être à la maison de la cinquième dimension. Il faille, en cette période estivale de l'année*

2013, vous laisser bercer par la puissance de cette énergie de la cinquième dimension qui s'implante sur votre plan. Le travail pourra reprendre son cours dans la période automnale, ce qui se fera avec une grande fluidité puisque vous aurez intégré dans l'expérience ce que vous cherchez actuellement à comprendre à l'aide de l'intellect.

Nul besoin de vivre dans l'immobilité provoquée par les crispations de certaines parties des corps. Le véhicule corporel va dénouer les blocages si vous choisissez consciemment de vous laisser aller, et si vous vous permettez ce temps de repos, de plaisir nécessaire à la restructuration moléculaire que vos âmes respectives ont appelée.

Le chemin à venir est inconnu. Il ne peut être enseigné. Permettez à ce chemin d'apparaître en son temps, et lorsque vous y serez, les mots reviendront et la voix chantera à nouveau. Toutefois, le chant proviendra d'une source renouvelée qui nourrira les cœurs des frères et sœurs humains plutôt que les oreilles.

Permettez à vos véhicules corporels de se déployer et d'abandonner toute résistance pour que vous puissiez jouir de ce temps d'intégration dans un mouvement libéré, dans la joie et la confiance que tout est parfait, selon le plan divin, selon le plan de vos âmes qui s'unissent actuellement à l'Âme universelle.

Accueillez, chère France, cet inconnu qui est à vos portes. Les enfants de demain ne comprendront pas le langage de l'intellect. Vous allez les guider à partir d'un langage renouvelé qui provient du cœur solaire et que vous êtes à acquérir. La jumelle trace le chemin, puisqu'elle a abandonné toute résistance, tout attachement à l'expérience de la troisième corde.

Elle trace le chemin que vous allez aussi emprunter pour permettre aux enfants de demain d'être guidés par un phare qui sera votre nouvelle création. Les enfants de demain ne connaîtront plus cette dualité de la vie et de la mort, la mort étant un concept qui ne trouvera plus son utilité dans l'expérience vécue sur le plan de la matérialité.

Vous allez participer, avec d'autres éclaireurs, au retrait du voile qui sépare l'expérience de la matérialité des plans de la vie multiple, de la vie Une, de la vie éternelle. Imaginez une grande toile qui recouvre la planète Terre. Une toile qui empêche de voir les mondes vibrant tout autour. Imaginez que vous tenez dans vos mains une partie de cette toile et que vous attendez le signal. Comme d'autres Êtres qui en tiennent une autre partie, vous attendez le signal du cœur solaire, ce cœur relié à tous les cœurs, au cœur de Dieu. Vous attendez le signal pour retirer la toile, pour libérer le ciel, pour libérer toute vie sur ce plan, pour redonner la vision juste à tout ce qui Est. Les travailleurs de lumière tiennent tous une partie de cette toile et sont prêts à vivre son retrait lorsque le signal sera reçu. »

Avouez que ce n'est pas tellement plus clair ! La bonne nouvelle, par contre, c'est que selon leur évaluation je suis sur la bonne voie, même si je n'ai plus de voix (!), puisque j'ai *« déjà fait le choix de poursuivre l'expérience sur ce plan de vie à travers les nouvelles formes de création qui naissent de l'ouverture du cœur solaire »* ! Je ne comprends toujours pas le passage du texte de 2012 au sujet de cette nouvelle création, ni comment on va *« entendre le signal de notre cœur solaire »* pour se mettre en action. Mais j'accepte de me laisser prendre par la main comme *« l'enfant qui est guidé et qui s'abandonne à ses parents, sachant que la prise en charge permet l'expérience dans la légèreté, le plaisir, le jeu et l'enthousiasme ».* Je vais donc jouir des derniers jours d'été et m'amuser. Parce qu'à la réception de ce message, j'ai ressenti un grand relâchement, le lâcher-prise nécessaire pour que mon dos et ma voix commencent à se rétablir ! Voilà entre autres comment on amorce une réelle guérison. En acceptant le fait indéniable que nos cellules, qui sont intelligentes et qui possèdent toute la connaissance de l'Univers, nous montrent le chemin. Dès qu'on laisse tomber nos résistances, le corps peut enfin prendre la relève et activer son processus de régénérescence.

J'ai aussi décidé de faire comme ils le suggèrent, soit de ne pas tenter de comprendre avec mon intellect ce dernier message, puisque je suis en voie *« d'acquérir le langage du cœur solaire »*. Anne-Marie a déjà intégré intuitivement qu'il ne sert à rien de vouloir tout analyser avec le mental. Elle s'en tient à caresser ses chiens et son cheval le plus souvent possible, à nager dans le lac pour renforcer ses muscles, à jouer avec sa famille ou ses amis qui la visitent régulièrement, et à dormir. Vive la *dolce farniente* et les siestes de l'après-midi ! Je vais suivre ses traces et en faire autant.

Je sens que ce grand vide, nécessaire à toute nouvelle création, va finalement nous conduire toutes les deux vers cette grande transmutation. Merci, jumelle, de tracer le chemin !

« On me montre que les chevaux
lui servent de racine
pour lui assurer un lien
avec le plan de la troisième corde. »

CHAPITRE 19

Les racines de la race équine

Avant de repartir, je profite à fond de chaque moment passé en compagnie de mon amie, parce qu'ils se feront plus rares jusqu'aux vacances de Noël. On traîne notamment quelques heures à l'écurie tous les jours. Pendant que je galope dans les bois sur mon beau Solo, Anne-Marie prend soin de sa Tara tout en faisant des plans de fou pour acheter un autre cheval.

Je lui rappelle parfois qu'elle ne travaille pas, qu'elle ne sait même pas quand elle aura de nouvelles rentrées d'argent, mais mes petites mises en garde rabat-joie ne ralentissent en rien sa ferveur.

On ne sait trop pourquoi, ma jumelle ne peut se contenter d'un seul cheval. Elle les veut tous. Cet été, elle a aussi assisté à tous les concours équestres juste pour le plaisir d'encourager les élèves de l'école d'équitation de notre écurie. Une des jeunes filles de l'équipe entraîne Tara d'ailleurs, et Anne-Marie prend un réel plaisir à les voir remporter des prix. Pour avoir vu quelques exercices de dressage à ce niveau d'initia-tion, je ne saisis pas bien l'intérêt de ma jumelle à vouloir être présente à chaque compétition, mais je constate qu'elle en revient toujours pleine d'enthousiasme, ce qui ne peut que contribuer à son bien-être et, par ricochet, à sa guérison. Parce que la joie et l'amour sont les ingrédients universels de base de tout bon remède !

Ce matin, au retour de ma randonnée dans l'érablière voisine, j'aperçois Anne-Marie à dos de cheval dans le manège extérieur. Sans demander l'avis de personne, elle s'est hissée sur Tara à l'aide d'un petit marchepied. Elle se dandine un peu crispée sur sa selle pendant quelques minutes, puis elle commande le trot. Ça ne fait pas trois mois qu'elle a été opérée et elle trotte ! Je suis émue aux larmes d'être le témoin privilégié de cette scène inattendue. Et, à voir son large sourire, je ne suis pas la seule à ressentir une émotion vive, bien qu'elle ne nous fasse pas le même effet !

Anne-Marie a rencontré un neurologue dernièrement. Il lui a confirmé ce dont on se doutait tous, soit que son nerf fémoral droit ne répond plus à aucune commande. Sur une échelle de 0 à 5, après évaluation complète, il teste à 0, ce qui augure mal pour la réhabilitation. Parallèlement, elle consulte depuis quelques semaines un physiothérapeute qui lui prescrit différents exercices quotidiens pour renforcer les muscles autour de son quadriceps affaissé. Elle a constaté des progrès phénoménaux en ce qui a trait à son équilibre et à sa force musculaire, mais elle ne peut toujours pas étirer sa jambe ni la soulever. Et pourtant, elle conduit sa voiture et monte à cheval sans trop de difficultés apparentes !

Je demeure en retrait quelques secondes pour l'observer descendre de sa jument. Au bout de quelques tentatives et hésitations, question de jauger comment elle va s'y prendre, Anne-Marie balance sa jambe droite vers l'arrière et profite de l'élan pour la passer par-dessus la selle, se laissant glisser lentement sur le ventre (et sur sa cicatrice, aïe !) jusqu'au sol. Un exploit de championne olympique qui mériterait la médaille d'or de la ténacité et de la persévérance. Ou de l'entêtement, c'est selon ! En bonne Lionne orgueilleuse qu'elle est, ma jumelle se fait une grande fierté d'accomplir chaque geste du quotidien sans aide, autant que faire se peut, surtout quand ça défie les prédictions de la médecine traditionnelle !

Épatée par autant d'aplomb, je rejoins Anne-Marie près du manège en lui criant des bravos d'admiration. Je descends de mon cheval pour lui offrir un coup de main avec sa jument, mais elle semble en parfait contrôle. Et ivre de bonheur !

Après avoir dessellé nos chevaux, on se retrouve toutes les deux au champ, encore émerveillées comme des fillettes de huit ans de vivre cette formidable aventure qu'est la vie ! C'est d'ailleurs l'impression qui nous habite quand on monte à cheval. On retrouve notre cœur d'enfant en goûtant pleinement le moment présent. Rien ne peut altérer ce sentiment de plénitude indescriptible, cette impression d'entrer dans un espace d'intemporalité et de communion avec l'éternité. J'aime imaginer, chaque fois que je me retrouve en compagnie des chevaux, que ces instants de perfection nous rapprochent assurément de Dieu ! Parce que les animaux ont le pouvoir de nous ramener à l'essence quand on prend le temps d'entrer avec eux dans la présence de tout ce qui Est. Ils ne connaissent que le moment présent et le vivent pleinement, dans chaque mouvement, chaque action, chaque émotion. Quand ils meurent, leur essence individuelle retourne à une forme de conscience collective prenant également sa source hors de la matrice de la troisième dimension.

On nous a déjà transmis que la conscience collective des chiens, par exemple, se trouve dans la cinquième dimension, celle du pur Amour. Les *petits maîtres canins*, comme les appellent nos guides, *nourrissent le cœur solaire et lui permettent de croître*. C'est sans doute aussi pour cette raison qu'ils ont hérité du titre de «meilleur ami de l'homme». Anne-Marie a d'ailleurs compris dernièrement, par son écriture inspirée, un des enseignements qu'elle recevait toute jeune quand elle parlait à Dieu ou à Raphaël, son ange préféré, qui lui répondait *qu'elle ne serait jamais seule*! Même si ma jumelle est aujourd'hui entourée de gens formidables qui la soutiennent, les animaux ont toujours fait partie de sa vie et l'ont accompagnée au cours de plusieurs périodes de solitude et de guérison émotionnelle.

Pour ce qui est des autres espèces, il semble que la conscience des chats prend racine dans la quatrième dimension, ce qui expliquerait entre autres leur capacité à voir les énergies subtiles des plans parallèles. Celle des chevaux proviendrait de la septième dimension, celle des dauphins de la neuvième, celle des baleines et des éléphants de la onzième. Impossible à vérifier, évidemment, comme c'est le cas pour la majorité des enseignements ésotériques qu'on reçoit en canalisation, mais cela trouve une résonance en nous.

En plus, ces précisions font le lien avec un autre message qu'Anne-Marie a canalisé pour moi en mai dernier quand elle a capté l'énergie de Michaël. La présence de plus en plus soutenue dans notre champ vibratoire du maître du rayon bleu a d'autant plus de sens depuis qu'on a appris qu'il est aussi le patron de la race équine.

Il est important pour moi de rappeler ici que, si tout est énergie dans l'univers, ces vibrations se déclinent entre autres en différents rayons de lumière. Le nom «Michaël», qu'on donne à la fréquence de la connaissance et de l'enseignement, satisfait notre intellect de troisième dimension qui a besoin d'explications, mais ne peut être décrit par la simple image de l'archange à l'épée de lumière bleue. Chaque rayon porte sa vibration et sa teinte particulière, comme chaque fleur offre son parfum distinct. Il serait bien réducteur d'en faire un personnage à qui l'on donne notre pouvoir parce qu'on le croit plus puissant. Chaque être humain porte en lui un arc-en-ciel de couleurs qui représentent autant de fréquences existant dans les multiples dimensions. Quand on s'éveille à notre maître intérieur, on peut avoir accès à ce buffet énergétique dans lequel toutes les fréquences cohabitent et attendent notre signal pour nous guider vers notre chemin de vie. Anne-Marie a certes un don particulier pour entrer en contact direct avec ces énergies subtiles, mais tout le monde peut s'y connecter, notamment en développant ses sensations, ses perceptions et son intuition. Bref, en sortant ses antennes pour émettre et recevoir l'information.

Quoi qu'il en soit, à un niveau très terrien, l'effet bienfaisant de la présence animale dans la vie des êtres humains est indéniable et de plus en plus documenté. Les études scientifiques sur la zoothérapie en font foi, sans même pouvoir démontrer leur contribution énergétique au mieux-être des patients. En ce qui concerne ma jumelle, on peut affirmer sans se tromper que les chevaux ainsi que la présence de ses chiens et de son chat Charlot, qui a dormi sur ses pieds puis sur son ventre tout au long de sa convalescence, sont en grande partie responsables de sa guérison surprenante.

* * *

En entrant dans l'état altéré de paix et de grâce que me procure cette dernière méditation matinale de l'été, j'ai une vision. On avait pris le temps, Anne-Marie et moi, de discuter un peu de nos chevaux avant de se laisser bercer par la douceur de la musique ambiante. Dès que je ferme les yeux, je fais toujours le même exercice, qui consiste à visualiser des racines de lumière qui me traversent les jambes et se projettent jusqu'au centre de la Terre, dans le but d'activer la circulation de l'énergie tellurique à travers mes différents chakras. Quand je suis en présence d'Anne-Marie, j'ai le réflexe d'attacher ses racines aux miennes, parce que j'ai la sensation depuis qu'on fait ce rituel ensemble qu'elle est plus éthérée et que je peux donc lui servir de courroie de transmission entre les plans subtils et terrestre. Il paraît que dans mes multiples incarnations, j'ai exploré la densité de la matière beaucoup plus qu'elle ne l'a fait, ce qui contribue à m'y ancrer plus solidement.

Ce matin, j'ai beau essayer en usant d'imagination et de suggestion mentale, je ne vois plus les racines énergétiques d'Anne-Marie. Comme si elle n'avait plus de lien direct avec la Terre. L'image du papillon m'apparaît instantanément. J'ai l'impression de visionner sur mon écran intérieur le film de sa transformation complète, la voyant passer d'un état rampant de chenille à la fluidité du vol du papillon, le cancer lui ayant servi de chrysalide. Plus aucune attache ne la retient à la matière. Elle peut désormais voguer au gré du vent et butiner de fleur en fleur comme bon lui semble.

En écriture inspirée, les images se précisent en guise de réponse à sa question. Anne-Marie cherche à savoir si son prochain mandat de vie inclut les chevaux. On me montre qu'ils lui servent plutôt de racines pour lui assurer un lien avec le plan de la troisième corde.

« *Chère fille de Dieu, les chevaux vous enracinent sur ce plan. Pour imager, ils sont vos quatre pattes dans la matière pour que vous ne vous envoliez pas, le chiffre 4 représentant vos attaches à la Terre ! Votre création dans les temps à venir peut prendre différentes formes, et certes les chevaux seront de formidables accompagnateurs. Vous allez toutefois recevoir des inspirations précises quant à la direction à prendre pour accomplir la suite du mandat dans ce duo de flammes jumelles avec l'Être France. Il n'y a plus rien à faire. Il n'y a qu'à Être. Être avec les animaux, être avec les enfants, être avec les fleurs, être dans la nature… Être. Le comment vous sera soufflé à l'oreille lorsqu'un choix clair sera fait de poursuivre votre route dans un corps physique.*

La période des fêtes sera révélatrice, vous livrant l'inspiration à toutes les deux. En attendant, profitez de l'automne pour jouer, cher lutin Anne-Marie. Le jeu vous garde dans la légèreté et la grâce des plans multiples ! »

Ce texte me ramène à la conversation que j'ai eue au début juillet avec Maître Saint-Germain, canalisé par mon ami Pierre Lessard. Alors qu'on se trouvait en séance de travail concernant un autre projet de livre commun, j'ai posé une question sur l'état de santé d'Anne-Marie. Elle voulait du même coup savoir si la suite de son mandat de vie se passait ici sur la Terre ou si elle pouvait mieux servir dans l'au-delà. Maître Saint-Germain m'a répondu que trois choix s'offraient à elle : quitter ce plan et se réincarner rapidement afin de compléter son expérience dans une autre vie, mourir pour servir dans les mondes parallèles, ou se guérir et contribuer en ayant un nouveau mandat dans son corps physique actuel.

Quand j'ai transmis la réponse à ma jumelle le lendemain de ma visite chez Pierre, elle m'a répondu du tac au tac, sur un ton ferme et sans appel :

– C'est sûr que je ne me réincarne pas !

– O.K. Alors il ne te reste que deux choix, mon amie. J'espère que tu vas retenir la dernière option !

Partir ou rester ? J'en comprends qu'Anne-Marie n'a pas établi un choix clair encore et que son libre arbitre s'applique toujours. Mais, à voir sa réaction, je constate que c'est peut-être le petit coup de pied dont elle avait besoin pour se secouer et décider consciemment de continuer dans cette incarnation-ci. L'automne, avec son énergie d'action, va sans doute la pousser à prendre position. Et si tous les chemins mènent à la Vie, comme elle le répète sans cesse, il lui faut tout de même choisir la forme que cette Vie prendra dans les temps à venir…

CHAPITRE 20

Post-partum... de ne pas mourir !

Fin octobre. Les feuilles sont déjà presque toutes tombées, et pour une des premières fois de ma vie, je les ai vues changer de couleurs ! Vive la pleine conscience, qui n'est plus seulement une théorie nouvel âge, mais bien un ressenti qui fait tranquillement son chemin dans mon expérience. Même si tous mes week-ends sont occupés à enseigner et que les semaines filent à la vitesse de l'éclair entre la routine des enfants et le travail, j'ai pris le temps d'aller respirer l'air pur des montagnes chaque fois que je pouvais me sauver quelques heures à la maison de campagne.

Anne-Marie se porte toujours de mieux en mieux. Depuis que tout le monde a repris l'école ou le boulot, elle passe une grande partie de ses journées à prendre soin d'un nouveau cheval canadien que la propriétaire de l'écurie vient d'acqué-rir. Ma jumelle lui a même trouvé un nom pour aller avec la couleur ébène de son poil : Auguste Renoir. Chaque fois qu'on se retrouve au champ avec nos chevaux, elle me raconte avec enthousiasme à quel point cette bête est exceptionnelle ! Encore une fois, je me fais l'avocate du diable pour lui rappe-ler que ce cheval ne lui appartient pas, ce à quoi elle rétorque

sans détour qu'elle va l'acheter un jour. Je ne peux m'empêcher de réagir un peu trop vivement.

– Es-tu folle ! C'est un cheval de saut à dix mille dollars !

– Je vais l'avoir pour moins cher, c'est sûr. J'attends le
bon moment…

– Pourrais-tu m'expliquer ton obsession de vouloir
acheter tous les chevaux que tu vois ?

– Je n'ai pas encore trouvé le mien. Et Auguste, je te le
dis, c'est le mien.

– Mais il est beaucoup trop gros et fougueux pour ta
petite constitution.

– Pas du tout ! Je suis en train de le mettre à ma main,
en plus. Dès que je l'appelle, il s'en vient au grand
galop. Il me reconnaît déjà.

– C'est sûr, tu lui donnes une tonne de carottes et des
bonbons aux pommes !

Autant j'aime ma jumelle, autant je prends encore plaisir à la
contredire parfois, juste pour la provoquer. En fait, elle est un
miroir parfait pour me refléter toutes mes contradictions.
Anne-Marie et mon fils, qui est ma copie carbone en tous
points, sont les deux dernières personnes au monde à pouvoir
provoquer des réactions impulsives chez moi. Et c'est réci-
proque ! Ma jumelle ne manque pas une occasion de répliquer
à mes remarques parfois désobligeantes. C'est aussi ça, être

flammes jumelles. On ne laissera pas l'autre rater sa vie en paix! On ressent ses travers et on se stimule mutuellement pour dissoudre les derniers thèmes karmiques qui pourraient freiner notre évolution. Or, ces temps-ci, c'est plutôt Anne-Marie qui me fait réagir. Elle semble si alignée, dans un tel état de joie permanente frôlant l'insouciance, pour ne pas dire l'innocence, que je suis un peu envieuse. Oui, je l'admets, j'aimerais faire preuve d'autant de légèreté et de lâcher-prise en toutes circonstances, ce qui n'est pas le cas cet automne. J'ai même l'impression inverse de revivre tous mes thèmes de trahison et d'abandon sans que personne en soit responsable, à part mon mental hyperactif qui se fabrique des scénarios catastrophes récurrents. Belle occasion de me mettre en mode mimétisme… encore une fois! Qui sait, peut-être qu'en faisant semblant, comme Nelson Mandela a raconté l'avoir fait pendant vingt-sept ans pour développer son courage et sa sérénité en prison, je vais acquérir la même paix qu'Anne-Marie.

Quoiqu'elle n'est pas complètement au bout de ses peines non plus. Depuis quelques jours, elle a accepté un nouveau contrat de scénarisation pour une émission jeunesse, ce qui fait ressurgir plusieurs défis émotionnels. Par exemple, elle rencontre régulièrement son caractère fougueux, surtout quand les remarques des scriptes la confrontent dans ses choix d'intrigues ou de répliques. Je constate toutefois que le retour à son état de béatitude est de plus en plus rapide. Et peu importe les embûches, elle maintient qu'elle ne perd jamais son fond de pur bonheur.

Cette semaine, une autre série de montagnes russes d'émotions se profile à l'horizon. Anne-Marie doit passer un scan pour voir si le cancer a gagné du terrain dans son corps.

L'oncologue qui la suit de près lui a bien fait comprendre que ce type de cancer évolue rapidement et qu'il y a de forts risques qu'il en voit des traces dans d'autres organes. Malgré tout, elle demeure enjouée. Je suis intriguée de savoir si son attitude positive cache une peur plus profonde.

– Comment gères-tu tout ça ? Est-ce que tu appréhendes les résultats ?

– Oui, mais le plus étrange, c'est que je ne me suis jamais sentie aussi bien, même si je suis courbaturée comme une grand-mère de 95 ans ! J'ai des douleurs aux articulations, parfois même au ventre, et je me sens merveilleusement bien malgré tout !

– Si ça peut te rassurer, moi aussi j'ai mal partout. Ça m'insulte, parce que je me croyais guérie de toutes mes douleurs articulaires depuis que j'ai réglé mon karma de peines d'amour incessantes. Pourtant, je souffre autant qu'avant. La bonne nouvelle pour toi, c'est que ce n'est pas le cancer qui cause ces maux-là. Alors, arrête de t'inquiéter pour ça.

– T'as sans doute raison, mais je ne peux m'empêcher de penser que la maladie a peut-être progressé, même si je me sens pleine de vie.

– Écoute, Anne-Marie. Il faut que je te le dise… je suis enfin en paix avec tout ce qui t'arrive. Peu importe que tu choisisses de vivre ou de mourir, je sais que tu as raison, la mort n'existe pas. Et on va rester unies quand même, toi et moi. Je ne sais pas si ça t'enlève un peu la pression de toujours devoir nous surprendre avec une guérison miraculeuse, mais je tenais à ce que tu saches que quoi qu'il advienne, tu as déjà gagné ton pari selon moi. Tu es en vie et tu le resteras, ici ou ailleurs.

– Merci, mon amie. Je sais que tu acceptes toutes les éventualités, et oui, ça me soulage. Ce n'est pas le cas de tout le monde autour de moi, mais c'est correct aussi.

– Cela dit, on s'entend que je préférerais te garder comme meilleure amie encore quelques années… le temps qu'on devienne riches, qu'on achète un ranch, qu'on élève nos chevaux tranquillement et qu'on atteigne le niveau des grands maîtres pour mieux partir avec notre enveloppe de lumière! Qu'en dis-tu?

Anne-Marie rigole en nous imaginant devenir de prospères propriétaires d'écurie. Pourquoi pas? Tout est permis, non? Et je me dis que rêver nous garde en vie… du moins sur ce plan-ci!

* * *

Je n'en crois pas mes oreilles. Ma jumelle est de nouveau en état de choc. Et ce n'est même pas parce que le médecin lui a annoncé de mauvaises nouvelles. Au contraire. Le scan n'a décelé aucun nouveau foyer cancéreux et, mis à part quelques petites anomalies sans conséquence, il n'y a plus lieu de s'inquiéter… la maladie n'a pas progressé dans d'autres organes pour l'instant. Ma jumelle devrait crier de joie, sauter au plafond, danser toute la nuit, mais elle se trouve plutôt en post-partum… de ne pas mourir!

Déprimée de vivre, faut le faire, quand même!

Sans égard pour son état dépressif provisoire, je hurle de soulagement au téléphone.

– Je le savais ! En fait, je le sais depuis le mois de juin,
quand t'as écrit que tu allais vivre «une guérison pleine
et entière». J'pense que j'ai plus la foi en toi que tu l'as
toi-même, mon amie !

– Calme-toi. L'infirmière m'a juste dit que «c'était ça
de gagné»! Comprends-moi, je suis super contente
aussi, c'est sûr. Mais c'est comme si je m'apprêtais à
partir pour faire un beau grand voyage. Mes valises
étaient faites, je connaissais très bien l'état de grâce qui
m'attendait dans ce nouvel endroit, puis on m'annonce
que je dois rester ici encore un peu. Tu vois ce que je
ressens ?

– Oui, je comprends, mais tu vas vivre, Anne-Marie
Séguin. Parce que tu dois montrer au monde qu'on
peut transmuter la mort et se guérir de toutes les maladies quand on cesse nos luttes intérieures. Et tu peux
vivre ton paradis ici, maintenant. Tu le vis déjà !

– Je sais. Sauf qu'il va falloir que je repasse par tout ce
processus une autre fois…

– Anne-Marie Séguin ! T'aimerais mieux mourir tout
de suite pour ne pas avoir à mourir plus tard ? T'es
vraiment bizarre, toi (dit avec plein d'amour encore, je
vous le jure) !

– Tu sais ce que je veux dire. En plus, je devrai me
trouver un autre mandat de vie ! Faut bien que je m'occupe si je dois rester encore quelque temps.

– Eh bien, bonne nouvelle, comme je te l'ai écrit il y a quelques semaines, tu n'as plus rien à faire pour l'instant, tu n'as qu'à Être. Ton assurance couvrira les frais de ta maison encore quelques mois, ton amoureux a un bon salaire, alors amuse-toi avec tes chevaux. L'inspiration pour la suite des choses va nous venir après Noël. On nous l'a dit… Moi, j'y crois!

Je suis tout excitée à l'idée de garder ma jumelle pour plusieurs années encore peut-être. Je dis «peut-être», parce qu'elle seule a le pouvoir de choisir le moment de son départ.

Et si elle décide de mourir, et bien elle mourra guérie!

« *Les douleurs physiques*
sont présentes à chaque carrefour,
à chaque renaissance…
pour accueillir une nouvelle conscience. »

CHAPITRE 21

Cadeau du ciel!

Novembre, le mois des morts, n'aura jamais été aussi gai! En ce samedi soir sans enfants, mon amoureux et moi soupons chez Anne-Marie et Thomas. Ça tombe bien, j'ai le goût de célébrer. Puisqu'on est voisins à la campagne, on se fait régulièrement ce genre d'invitation de dernière minute qui permet aussi à nos conjoints de tisser des liens. Particulièrement rayonnant ces jours-ci, Thomas ne cache pas son soulagement depuis qu'il a pris connaissance des résultats de tests d'Anne-Marie. Disons qu'il les attendait avec fébrilité. Sa tendre épouse n'a pas seulement l'air en pleine forme, le scanner confirme qu'elle l'est. Il ne nous reste qu'à l'en convaincre! Mon amie ne semble toujours pas sûre de se trouver hors de danger, mais elle continue de ressentir son état de grâce et de jouir de la vie à chaque instant!

Pour marquer la fin d'une convalescence qui s'est déroulée à vitesse grand V, Thomas a offert un gros cadeau à sa femme. Et Anne-Marie n'est pas peu fière de me l'annoncer en grande pompe.

– Auguste est à moi!

– Tu finis toujours par avoir ce que tu veux, hein,
Anne-Marie Séguin?

Vous l'avez peut-être constaté, je l'appelle par son nom complet, avec une petite pointe de sarcasme dans le ton, quand je
suis contrariée. Ce soir, je l'admets, mes réflexes de compétition avec ma jumelle sont remontés à la surface devant autant
d'éloquence à créer tout ce qu'elle désire… même en période
de restriction budgétaire! Et pourtant, je n'ai aucune raison
d'être jalouse, car je le fais aussi, parfois même sans m'en
rendre compte. Toutes les deux, on a intégré le concept que
pour réaliser nos idéaux, on n'a qu'à se placer dans la sensation qu'ils le sont déjà. Dans la seule année 2012, j'ai concréti-
sé mon idéal amoureux, je me suis mariée, on s'est acheté une
jolie petite maison pour y vivre en famille recomposée, j'ai
créé deux nouveaux ateliers, j'ai publié *C'est quoi l'amour?*, qui
a permis une grande guérison émotionnelle et amoureuse à
des milliers de gens, et quoi d'autre encore? Ah oui, j'ai fait
«l'expérience de Dieu», d'où le titre de ma nouvelle conférence «Je suis Dieu… et vous aussi!» que je donne depuis le
début 2013! Pas mal quand même? Finalement, je ne suis pas
jalouse du tout du pouvoir de création de mon amie. Je suis
juste épatée de constater que ça fonctionne réellement, peu
importe les embûches! C'est d'ailleurs exactement ce qu'a fait
ma jumelle avec tous ses propres idéaux, dont celui d'avoir des
chevaux. Elle a passé des heures à bichonner Auguste, tout en
cultivant la foi qu'elle allait finir par l'acquérir. En confiant le
«comment» à l'Univers, elle s'est dissociée du processus et
n'a entretenu que la sensation d'être déjà l'heureuse propriétaire du beau cheval canadien. Encore l'œuvre de la magicien-
ne en elle puisqu'il était plutôt improbable au départ qu'elle
trouve les sous pour l'acheter. Or, un concours de circonstances célestes a favorisé la réalisation de ce grand rêve.
Thomas, qui a reçu un héritage plus substantiel que prévu de

sa mère, a décidé d'en investir une partie dans la passion de sa femme après avoir été témoin tout l'automne de la guérison à laquelle ce cheval contribuait directement. En plus, voyant l'amour inconditionnel d'Anne-Marie pour Auguste, la propriétaire de l'écurie a accepté de baisser son prix, ce qui a accéléré la transaction.

On peut donc dire, à la lumière de cette série de circonstances favorables, que le nouveau bébé de ma jumelle est un véritable cadeau du ciel, puisque Solanges semble y avoir participé, peut-être même en soufflant à l'oreille de son fils que l'argent de l'héritage ne pouvait mieux servir présentement!

Je lève mon verre à cette nouvelle acquisition.

– Félicitations, Anne-Marie! Et que fais-tu de Tara?

– Je la garde. De toute façon, je suis copropriétaire avec Hélène, et les deux chevaux vivent en stabulation libre. Alors, ça va me coûter moins cher qu'un seul cheval dans un box à l'écurie.

– Super, on commence à avoir un semblant de troupeau pour notre futur ranch!

Les gars ne sont pas tout à fait aussi enthousiastes devant nos projets un peu mégalomanes, mais c'est une image que j'aime entretenir juste pour faire rêver mon amie!

Après s'être gavés du délicieux repas cuisiné par Thomas, on termine la soirée en discutant tranquillement autour du foyer, comme si la maladie n'avait jamais sévi. Puisque Anne-Marie est une couche-tôt, Stéphane et moi rentrons à la maison vers 21 h, le ventre plein et le cœur rempli de gratitude.

Le lendemain matin, j'ai encore de la difficulté à me glisser hors du lit. Toutes mes articulations me font souffrir, principalement les chevilles, les hanches, le bas du dos et mon épaule droite. Mon premier réflexe est de me blâmer d'être retombée au même niveau qu'en 2008, soit le dernier été où j'ai souffert de crises de rhumatisme graves causées par une série de chocs émotionnels. Je manque encore cruellement d'humilité pendant ces épisodes de déséquilibres physiques, comme s'il fallait que je sois un superhéros capable de s'autoguérir de tous ses petits bobos instantanément pour prouver qu'il a atteint une certaine maîtrise. « Accueille la douleur, France. » Je me parle régulièrement pour me ramener dans le moment présent et me rappeler que je n'ai pas à me surpasser ni à atteindre la perfection pour ascensionner ! Les maîtres sont aussi ceux qui vivent confortablement avec leurs imperfections, alors je vais tenter de ne pas me juger dans le processus. Mais je veux comprendre par quel hasard cosmique Anne-Marie et moi souffrons toutes les deux de courbatures importantes alors que nous n'avons jamais été aussi alignées et heureuses dans nos vies respectives ?

Après la méditation matinale, je propose à ma jumelle de répondre à cette question pour moi. Son texte nous éclaire autant qu'il nous soulage de l'obligation d'être parfaites sur ce chemin d'évolution. Je souris encore une fois en constatant combien on enseigne ce qu'on a le plus besoin d'apprendre. Je transmets en public que la raison pour laquelle notre passage sur terre s'est détérioré au point de nous amener à vivre un moyen âge (qui malheureusement perdure dans plusieurs pays de monde) est reliée à l'expérience de séparation que l'on ressent en s'incarnant sur le plan de la matière. Comme on s'est cru abandonnés par notre Père céleste, on s'est sentis coupables d'être imparfaits et, par conséquent, on a aussi intégré la croyance qu'on ne méritait pas de retourner à la Maison. Il s'agit bien sûr d'un processus inconscient, mais la mémoire de cet abandon est bien inscrite dans nos cellules et nous a poussés dès le départ à nous comparer, à nous juger et à entrer en compétition les uns avec les autres dans le but de « mériter Dieu ». Depuis la bascule de conscience de 2012, le processus tend à s'inverser et passe par la reconnaissance qu'on est tous des dieux, déjà parfaits à l'intérieur. Dans cette optique, nul besoin de rechercher la perfection à l'extérieur… mais on le fait quand même !

En plus, la réponse reçue par Anne-Marie confirme certaines informations que j'ai aussi captées en écriture inspirée quand mes douleurs articulaires ont réapparu au printemps dernier. Cela me rassure une fois de plus sur le fait qu'on peut tous se brancher à la connaissance universelle, qu'on soit des médiums accomplis ou de simples néophytes.

« Chère Âme, accueillez notre amour. Maître Saint-Germain est présent à vos côtés ainsi que les énergies du peuple des chevaux et de la Source divine qui incarne la matière avec une intensité accrue en cette période bénie.

Les malaises corporels sont un passage nécessaire pour que la vibration de la septième corde puisse pénétrer vos véhicules corporels. Vos corps doivent se "décristalliser" et libérer toutes les impuretés. Ils doivent se réinventer, et l'ADN doit être reprogrammé pour que le Maître en chacune de vous puisse incorporer toutes les cellules vivantes dans la pleine conscience.

Les êtres qui souffrent à l'heure actuelle sont ceux et celles qui ont appelé la vibration de la septième corde, que vous nommez aussi la seconde venue du Christ, de l'Énergie christique. Les Êtres qui ont choisi d'amener cette vibration sur ce plan terrestre doivent laisser aller toute densité, toute charge résiduelle. Il faille être alchimiste et transformer vos corps en or ! C'est une image, bien sûr, que vous pouvez néanmoins visualiser par la circulation du rayon or dans vos corps. Ce rayon, lorsqu'il traverse votre véhicule, provoque l'expansion des cellules et cause la sensation d'avoir mal dans tout le corps. Vous avez choisi le chemin étroit de l'éveil en vos corps, la rencontre du Maître en cet instant précis, dans la dimension terrestre, à travers l'expérience de la séparation. Présentement, vous ressentez la séparation entre les différentes parties de vos corps, mais vous allez fusionner toutes ces parties pour qu'elles deviennent un aspect du cœur solaire. Lorsque cela sera, le Maître aura investi tout le corps.

Les douleurs physiques sont présentes à chaque carrefour, à chaque renaissance. Il y a les douleurs de l'enfantement, les douleurs du passage vers l'autre monde que vous appelez "la mort", et les douleurs quand le corps se transforme pour accueillir une nouvelle conscience. Vous allez accueillir une nouvelle conscience et cela va permettre à l'Énergie christique de s'exprimer et d'aller œuvrer par vous (et d'autres !) *dans les lieux où la noirceur cache encore la vérité à des gens qui demandent un éclairage. Vous êtes des éclaireurs, des enfants du Dieu vivant. Les Êtres de la septième corde, ainsi que les peuples qui vibrent en cette conscience, sont appelés à s'unir, car les prochaines années sur votre planète seront cruciales. Elles sont en gestation, en attente de la décision finale de cette humanité qui doit choisir de poursuivre dans les univers de la séparation ou de transmuter, transcender et s'éveiller à la conscience immatérielle. Les Êtres s'unissent, les règnes se joignent et se rencontrent. Comme vous qui vous unissez au peuple des chevaux, d'autres éclaireurs s'unissent au peuple des dauphins et à d'autres espèces. Les unions permettent une explosion de langages qui voyagent dans les dimensions et créent des ponts, des chemins vivants pour le retour à la Maison, le retour en la Source et la victoire de l'expérience de la Vie infinie. »*

Ouf! Avec la présence de Maître Saint-Germain, du rayon violet des alchimistes et de la transmutation, c'est un des textes les plus ésotériques qu'on a reçus par le canal d'Anne-Marie! Mais il permet néanmoins de faire la lumière sur la question de la « seconde venue du Christ », qui demeurait pour moi une sorte de délire mystique. Que veut dire au fond le mot Christ? Christ, ou Énergie christique, fait référence à l'incarnation d'un dieu-homme sur le plan de la matière. Ce que Jésus et d'autres Grands Maîtres ont reconnu dans leur Être à un moment de leur parcours terrestre. Ce que nous sommes tous appelés à reconnaître en nous pour devenir comme eux, des Êtres réalisés. Jésus ne disait-il pas lui-même : « En vérité, je vous le dis, celui qui croit en moi non seulement fera les œuvres que je fais, mais il en fera de plus grandes encore… » ? Et que veut dire « croire en moi », sinon de croire au Christ en lui et en chacun de nous ? Voilà ce que veulent exprimer les guides quand ils parlent de « la seconde venue du Christ ».

Je le répète, nous sommes, sur Terre, tous des dieux incarnés qui s'ignorent. C'est ce à quoi j'ai eu accès en faisant mon « expérience de Dieu » à l'été 2012. Je méditais tranquillement dans mon jardin quand, tout à coup, je me suis vue sortir de mon corps pour entrer dans un espace d'intemporalité et d'apesanteur prodigieuses. Pendant quelques secondes, qui m'ont paru une éternité, j'ai reconnecté avec la fluidité de la Vie hors de la matrice. Dans cet état, j'avais la sensation de faire partie de tout ce qui m'entourait. Les arbres et les feuilles semblaient séparés en milliards de particules lumineuses dansant individuellement tout en étant unies les unes aux autres. L'herbe, les fleurs, le chien, le chat et les écureuils dans ma cour vibraient tout autant. Puis, comme si j'avais eu entre les mains une manette pour m'élever à volonté au-dessus de mon corps, je n'avais qu'à appuyer sur «moins» et, tel un effet *Google Map* qui nous donne accès à une perspective élargie de l'endroit où l'on se trouve, je me propulsais plus haut pour constater que les maisons et les infrastructures de mon quartier étaient toutes aussi vivantes que la nature. Soudainement, j'ai eu la sensation d'avoir créé tout ce que je voyais. Le ciel, les nuages, l'atmosphère, l'air, la vie sur terre… Tout. Non seulement je faisais partie du Tout, comme l'enseigne le bouddhisme, mais je l'avais créé !

Au moment où j'allais me vanter de cette puissance divine retrouvée, pour nourrir un peu mon ego (!), j'ai encore appuyé sur «moins» et je me suis retrouvée en orbite autour de la planète. En tournant la tête, j'ai aperçu sept milliards d'autres humains qui avaient cocréé avec moi ce grand terrain de jeu que représente la Terre ! J'ai intégré en une nanoseconde, même si je le savais déjà en théorie, que nous venons tous ici pour jouer au jeu de l'homme-dieu en empruntant un corps physique comme déguisement ! Il m'est difficile de décrire la sensation qui m'habitait, mais j'avais tout à coup la conviction profonde que nous sommes tous les cocréateurs de ce plan matériel qui nous accueille pour que nous puissions nous y déployer en artisans de l'Amour inconditionnel avec tous nos dons et nos talents respectifs. Le seul hic, c'est qu'en choisissant l'expérience de la séparation, on a oublié nos origines divines. Tout notre parcours d'être humain devient donc une grande quête pour retrouver cet état d'unité en se souvenant de notre essence divine et en rechoisissant l'Amour comme moteur de toutes nos créations.

Après la lecture de ce message, je prends conscience aussi qu'il y a des stations sur le chemin du retour vers la Source, ce qui explique nos douleurs physiques. Le «comment» on se réinvente et on se reprogramme demeure inconnu, mais le tout n'a pas à être analysé en détail pour l'instant. De toute façon, il restera toujours une part de mystère dans le processus de création de l'Univers que nous acceptons avec grâce. Cela inclut les notions transmises à la fin du texte au sujet de la septième corde et de l'union des règnes. Pour être franche, je n'y comprends pas grand-chose, mais je ressens qu'on est à la bonne place, notamment quand on s'unit à la nature et aux animaux pour retrouver la paix intérieure et la connexion avec le divin!

On va donc s'en tenir à aimer tout ce qui Est, en commençant par nos proches, à prendre soin de nos chevaux, de nos chiens et de nos chats, et à entretenir notre flamme intérieure pour mieux éclairer ceux qui cherchent leur propre lumière...

« Encore là, on a pris l'équation à l'envers. »

CHAPITRE 22

Les aléas de la maîtrise

Décembre 2013. Je retrouve mon amie les yeux rougis. Elle est visiblement ébranlée. Pendant une fraction de seconde, j'ai un doute. Est-ce une récidive de cancer? Est-ce que son état de grâce s'est volatilisé en l'apprenant?

— Qu'est-ce qui se passe, Anne-Marie?

— J'ai eu une longue discussion avec Thomas.

— À quel sujet?

— Au sujet de la sexualité.

Je la regarde, perplexe, sans rien dire.

— Je ne ressens plus le besoin d'avoir des relations sexuelles, France. C'est fini pour moi. Ça fait plusieurs mois que je me pose des questions pour en identifier la cause. Est-ce que c'est la ménopause, l'hystérectomie ou juste le fait que j'ai 50 ans? J'en arrive à la conclusion que ça n'a rien à voir avec un élément extérieur. Je te l'ai déjà expliqué, je vis en permanence dans une forme de bien-être postorgasmique. Quand tu viens juste de jouir, t'as pas envie de refaire l'amour tout de suite, pas vrai?

– Plus maintenant, mais à 30 ans par contre…

– Arrête de faire l'innocente, tu sais ce que je veux dire! Le bien-être et le relâchement total qui suit l'acte sexuel, c'est l'état que j'expérimente à temps plein, ou presque. Si je m'arrête un instant pour ressentir ce qui se passe en dedans de moi, je ne peux même pas te décrire l'état de plénitude qui m'habite. Alors tu te doutes bien que je n'ai plus besoin de faire l'amour pour ressentir le relâchement, la paix profonde et le calme intérieur que ça procure.

– Je peux l'imaginer, même si je ne ressens pas tout à fait ce que tu décris. Et comment réagit Thomas?

– C'est dur pour lui. Présentement, on cherche ensemble un moyen de se respecter mutuellement en fonction de nos deux réalités distinctes. C'est sûr que je peux rejoindre Thomas dans une certaine forme d'intimité. Ce qui m'attriste, c'est que je n'ai plus de désir sexuel. Je ne ressens plus ces élans physiques, alors je tente de redéfinir mon rapport à l'autre. Ça ne change rien à l'amour que j'éprouve pour lui. Au contraire, je l'aime plus que jamais. J'ai toujours aussi envie de me blottir dans ses bras et de l'embrasser. On dort encore collés l'un contre l'autre toutes les nuits. Je dois juste trouver un équilibre pour que Thomas sente qu'il a encore une femme à ses côtés.

– Pas facile, en effet, pour n'importe quel conjoint dans cette situation. Mais tu as marié un maître, Anne-Marie, c'est pas pour rien. Vous allez trouver une façon de réinventer votre vie intime.

Ça fait des années que j'explique combien l'absence de sexualité chez les grands maîtres a été interprétée par les religions, qui en ont fait une loi à suivre sans laquelle il est impossible de se rapprocher de Dieu. Encore là, on a pris l'équation à l'envers. On a vu des sages vivre dans la grâce et la béatitude sans avoir à goûter au plaisir de la chair et on en a conclu qu'il fallait exiger la chasteté pour accéder à cette maîtrise. Or, il n'en est rien. Tous les maîtres qui ont foulé le sol de cette planète ont déjà connu sur leur chemin vers la pleine réalisation une vie sexuelle épanouie. Dans le processus d'ascension, ils ont élevé leur taux vibratoire jusqu'à la cinquième dimension de façon à connaître la satiété et l'extase perpétuelle, à un tel point qu'ils n'avaient plus de besoins sexuels. Par analogie, imaginez qu'on enlève à un enfant sa peluche préférée. Il y a de fortes chances qu'il réagisse en pleurant et en criant de frustration. Mais si on le laisse s'amuser autant qu'il en a envie avec son jouet, en grandissant il va assurément s'en lasser et le délaisser pour rencontrer la joie sous d'autres formes. Par nature, un enfant devenu adulte va ainsi être attiré par d'autres sources de plaisir tout aussi saines, s'il a été guidé avec amour. Il en va de même pour le maître. Après avoir complété les étapes de son ascension, il vit si intensément sa vie qu'il n'a plus besoin de posséder la matière, ni d'en abuser. Dans cet état d'ultime détachement des biens matériels, il renonce tout aussi naturellement à ses désirs sexuels pour entrer dans sa complétude d'Être, parce que le corps exulte sans même avoir besoin de rapprochements physiques.

On sait aussi que le tournant de la cinquantaine correspond à la dernière grande poussée énergétique qui veut propulser les êtres humains vers leur essence et leur mandat de vie. Les deux autres se produisent autour de 29 ans et de 39 ans (lire à ce sujet *Tout se joue à chaque instant*). Pour les femmes, cette poussée énergétique coïncide avec la ménopause, moment charnière où toute l'énergie vitale normalement concentrée à alimenter le centre de la procréation peut être redistribuée pour mieux servir leur création. Anne-Marie a complété son mandat, selon ce que j'en comprends, en même temps qu'elle a vécu sa ménopause. Il n'y a donc plus d'urgence ni de quête, puisqu'elle baigne dans la plénitude de son essence divine.

Je sors de ma réflexion pour écouter la demande de ma jumelle.

– J'aimerais qu'on médite là-dessus. Je vais poser la question sur la sensation qui m'habite quand je me retrouve dans une situation d'intimité.

– Parfait, on va toutes les deux répondre à ta question.

Bien que nos réponses se recoupent autant qu'elles se complètent, je partage avec vous le texte canalisé par Anne-Marie, plus détaillé et précis que le mien… comme toujours !

« Chère Âme bien-aimée, nous vous observons à partir de la quatrième dimension pour permettre une lecture du véhicule corporel, et déjà nous pouvons vous faire part que l'Être Anne-Marie est à parfaire la transmutation alchimique de ses corps de matière (physique et subtils) afin de pouvoir atteindre la réalité en dehors du voile de l'oubli. Ce voile est nécessaire pour se projeter dans la matière et vivre

dans une réalité où la séparation des composantes de l'Âme amène les Êtres à vouloir se réapproprier leur grandeur dans l'unité.

Lors des rapprochements sexuels, les Êtres sont en quête d'une harmonisation de leurs polarités féminine et masculine afin de retrouver la sensation d'unité. Ils cherchent ainsi à connaître l'expérience de la plénitude le temps d'un court moment. De plus, l'activité sexuelle permet au corps de se propulser vers des fréquences plus élevées à travers l'énergie du hara qui va parcourir tous les chakras et se rendre jusqu'à la couronne. L'énergie ainsi projetée ouvre la couronne et donne accès au huitième chakra qui, lui, est en contact avec l'Âme, dans son unité avec Dieu. Chaque moment de partage entre deux partenaires, qui mène à ce que vous nommez l'orgasme, est une occasion bénie de retrouver le lien avec Dieu. Les humains cherchent avec une grande soif ce contact précieux qui leur rappelle que l'expérience terrestre n'affecte en rien leur capacité à vibrer en Dieu.

Maintenant, en ce qui concerne l'Être Anne-Marie, elle s'est incarnée dans un contexte particulier, puisqu'elle est arrivée sur cette Terre avec une brèche, pour ainsi dire, dans ce voile de l'oubli. Elle s'est incarnée avec un aspect de son Âme qui est resté en contact avec l'Énergie de la septième corde, une conscience non individualisée où la séparation n'existe pas. Elle est donc en contact avec cette énergie et avec l'Être cosmique, le Dieu solaire au centre de cet Univers. Lorsqu'elle entrait en communion physique avec un Être dans la matérialité, elle avait cette impression d'être coupée de son essence, comme si le voile se refermait complètement. Cela lui amenait une grande souffrance intérieure, une sensation d'agression de son temple. Ceci était une illusion. L'Être Anne-Marie pouvait très bien vivre des moments de rapprochement en cette troisième dimension sans perdre le lien avec ses frères et sœurs des étoiles.

Toutefois, nous observons de notre plan de perception que l'Être Anne-Marie a complété son expérience terrestre et que son attention est tournée vers la complétude de l'Âme. Le contact entre deux corps humains représente pour elle un retour en arrière que son Âme ne souhaite pas. Il y a présentement une progression ascensionnelle et une exploration du Dieu vivant en ce corps transmuté. Revenir en arrière entraînerait une sensation de fermeture du voile et de retour dans la densité qui irait à l'encontre de l'orientation de l'Âme en symbiose avec son cœur solaire. Voilà le pourquoi des difficultés à satisfaire les besoins de l'autre.

Sachez que le partenaire est totalement accueilli et aimé de son Âme compagne. De notre point de vue, il reçoit et chemine dans la perfection de son alignement d'incarnation. L'Être Thomas a choisi l'Être Anne-Marie en connaissance de sa volonté d'Âme à atteindre son plein Soleil en cette vie.

Nous vous aimons. »

Je suis éblouie de ce nouveau texte. D'abord parce qu'il confirme une fois de plus qu'on peut tous mettre la culpabilité de côté. Faire l'amour (dans des conditions de partage amoureux, bien sûr) est en réalité un chemin direct pour connaître la sensation d'union, voire une autoroute pour connecter avec le divin en chacun de nous.

Je constate par ailleurs à quel point le contact avec l'invisible, alors qu'elle était incarnée dans un véhicule physique de la troisième dimension, a représenté un grand défi pour Anne-Marie. Il lui a fallu habiter un corps qui devait s'ajuster constamment à l'incarnation. J'ai souvent entendu ma jumelle affirmer qu'elle se passerait aisément de sexualité, sans trop comprendre ce qu'elle vivait. Ce message réaffirme son accès privilégié avec nos frères et sœurs des étoiles et, en même temps, il apporte un éclairage sur l'illusion de ressentir un éloignement de la Source quand elle faisait l'amour.

Il semble toutefois qu'elle a maintenant une sensation très juste de ne plus désirer cette fusion des corps pour retrouver l'amour de Dieu. Elle le vit. C'est d'ailleurs essentiellement l'information que j'ai reçue de mon côté. «… Le cœur solaire a pris les rênes de son corps physique. Il en est maintenant le cerveau directeur. Votre jumelle est Amour… alors à quoi bon le faire ? Vous voyez l'image ? » Et Anne-Marie me le confirme avec soulagement !

> – Oui, c'est ça. Je n'ai plus besoin de faire l'amour, je le vis à temps plein !

Enviable, non ? Je dois admettre que je comprends en partie ce qu'elle vit, puisque je me dirige aussi vers cette complétude et que mes propres pulsions sexuelles se sont transformées en profondeur dans la dernière année. Est-ce encore par mimétisme ou par réelle transmutation ? L'avenir me le dira, mais je ressens cette même plénitude, ce même calme qui me fait dire à qui veut m'entendre que «je n'ai plus besoin de rien ! ». J'entends par là qu'il n'y a plus de sentiment d'urgence de réaliser ou d'obtenir quoi que ce soit dans ma vie. Je ne suis plus attachée à rien, ni au matériel, ni aux gens qui m'entourent, pas même à mes enfants. Ne vous y méprenez pas, cette sensation n'a rien à voir avec l'amour. J'aime plus que je n'ai jamais aimé. J'aime tout, et tout le monde. J'aime sans attente et sans attachement. J'aime. Et ma jumelle me confirme tous les jours qu'elle ressent la même chose.

Est-ce que ça veut dire qu'on touche enfin à cet espace appelé
« la cinquième dimension » ? Je crois bien que oui. Pas à temps
plein, mais souvent. Et le plus beau cadeau pour moi dans ce
nouvel état vibratoire, c'est la compassion. Voici d'ailleurs à ce
sujet un extrait d'une chronique que j'ai publiée sur mon site
Internet quelques mois plus tard…

« … Depuis un an, je goûte au pur amour et à la compassion
de la cinquième dimension. Il faut dire que j'ai toujours été
attirée par la bonté. C'est la première qualité que je reconnais chez les gens, signe que je la porte également en moi.
On la porte tous, qu'elle soit manifeste ou non. Mais je ne
savais pas avant l'été 2013 comment transformer cette bonté
en réelle compassion. Je me rappelle avoir pleuré en silence
tout au long d'un reportage de 20 minutes sur le maître hin-
dou Amma (Mata Amritanandamayi), cette femme exceptionnelle qui consacre sa vie à prendre des gens dans ses bras
pour leur transmettre sa naturelle compassion, parce que je
reconnaissais en elle une fréquence qui m'appelle. Pourtant,
je ne pouvais ressentir à cette époque que de la sympathie
ou, au mieux, de l'empathie pour les autres. La sympathie
m'amenait à prendre les souffrances des autres sur mes
épaules jusqu'à développer moi-même toutes sortes de
symptômes et de petites maladies. Par la suite, j'ai découvert
l'empathie, le sentiment qui semblait se rapprocher le plus
de la compassion. Je pouvais me mettre à la place de l'autre
et ressentir sa souffrance, sans toutefois la prendre sur moi,
pour mieux l'épauler à travers les épreuves. Mais je m'épui-
sais à vouloir sauver l'autre, notamment parce que j'avais des
attentes de résultats.

En accompagnant mon amie Anne-Marie dans sa guérison
d'un cancer, j'ai vécu une grande phase de "désidentification"
qui m'a fait découvrir une nouvelle dimension de moi, de

nous tous. En laissant derrière mon personnage, j'ai contacté mon Être. Là se trouvait la réelle compassion, cette faculté de reconnaître l'autre dans toute sa lumière, même quand il ou elle est souffrante. Je n'ai pas pris la maladie de ma jumelle sur mes épaules. Je n'ai pas tenté de me mettre à sa place. Je n'ai pas voulu la sauver non plus. Je n'ai fait qu'offrir ma présence et assister son processus, qu'il soit un chemin vers la guérison ou la mort, sans m'attacher à la finalité. Sur cette voie, j'ai découvert en prime la bienveillance. J'ai acquis ce regard bienveillant qui nous permet d'aimer inconditionnellement, dans le détachement total. J'ai accepté qu'Anne-Marie vive, mais aussi qu'elle meure. J'ai intégré que peu importe la vie ici ou ailleurs, comme elle le dit si bien: "Il n'y a que la Vie!" Sans même vivre à temps plein dans la quatrième dimension de la pleine conscience, j'ai compris et intégré partiellement la cinquième. Comme quoi ces mondes sont fluides. Ils sont unis. La séparation n'existe pas. Et je peux voyager entre la troisième dimension et la cinquième à ma guise, puisque les barrières sont tombées.

Moi qui croyais qu'il fallait avoir complété une étape pour accéder à l'autre, eh bien j'avais tout faux. On peut osciller entre les dimensions sans autre contrainte que nos croyances. Même quand on se retrouve déconnecté de notre pleine conscience de la quatrième dimension, les deux pieds dans la lourdeur de la troisième, on peut choisir de revenir dans la compassion de la cinquième parce que le voile s'est levé. Les frontières sont ouvertes et nous permettent maintenant de voyager librement sans passeport… »

Je ne peux encore une fois que dire merci à mon amie de m'avoir montré le chemin de ma propre transmutation! Et je sais aussi qu'on va trouver une façon de réinventer l'intimité avec nos compagnons de vie, qui, faut-il le rappeler, nous ont choisies par reconnaissance d'âme, dans la conscience d'un partenariat d'évolution mutuelle.

CHAPITRE 23

Fin de karma !

C'est le 31 décembre 2013. Nous y sommes ! Que d'émotions nous avons eu à gérer dans cette seule année, quand même !

Pour célébrer le passage vers 2014, nous prévoyons une soirée entre amis à la maison de campagne où nous prendrons le temps de faire nos bilans et de tirer les leçons qui s'imposent. Mais ce matin, Anne-Marie et moi avons décidé de planifier une méditation spéciale suivie d'une séance d'écriture inspirée. Lorsque j'arrive chez elle, une autre surprise de taille vient renforcer la sensation de soulagement qui m'habite depuis quelques jours d'enfin tourner la page sur cette année de grands défis.

— Gauthier, regarde ça !

Assise sur son divan dans son bureau, Anne-Marie soulève sa jambe droite et l'étire doucement jusqu'à sa pleine extension. Le regard fier et le sourire triomphal, elle récidive à quelques reprises.

— Regarde, regarde ! Je suis *hot*, hein ?

Elle est si épatée de voir sa jambe se plier et se déplier sur commande qu'elle éclate de rire, m'entraînant automatiquement dans son état d'euphorie. C'est contagieux, la joie ! Elle m'avait fait une démonstration semblable un mois auparavant, sans toutefois pouvoir lever le pied à plus de 45 degrés du sol. En quelques semaines, ma jumelle a réussi à réparer l'irréparable, si on se fie aux prédictions des médecins… Chapeau ! Je la laisse terminer sa chorégraphie improvisée avant de lui lancer, tout aussi fière :

– Je te l'avais dit, Anne-Marie Séguin ! J'étais sûre que tu allais te guérir au complet !

– Ben oui, tu me le dis depuis le début. Mais pour moi, ça relevait du miracle et je ne voulais pas m'imposer cette pression de performance supplémentaire. J'étais même prête à accepter de vivre avec un handicap pour le reste de mes jours, et ce n'était pas grave. Là, j'admets que je suis médusée !

– En tout cas, s'il faut voir pour croire, tout le monde autour de toi va être servi !

Nous sommes si excitées par ce nouveau développement que nous avons de la difficulté à nous calmer pour méditer. Juste avant que je ne ferme les yeux, Anne-Marie rajoute en guise de cadeau de nouvelle année :

– Je suis guérie, France Gauthier. Je sais que tu le sais, je crois que je le savais aussi, mais là, je le sens. Je le ressens dans tout mon corps… JE SUIS GUÉRIE ! Ça peut sembler paradoxal, mais je te dirais que je suis guérie depuis le 1er janvier 2012. J'ai tellement ressenti cette libération dans mon corps, ce jour-là ! Je t'en ai parlé et tu ne semblais pas me croire, mais je n'en revenais simplement pas d'avoir réussi à me rendre jusqu'à la bascule de 2012! Enfin, je pouvais me déposer, après toutes ces années de lutte. Le cancer n'a été qu'une finalité à cette guérison, une sorte de grand nettoyage à la suite de ce lâcher-prise complet.

– Wow! c'est tellement beau! Tu vas me faire pleurer!

Non pas que ce soit un exploit en soi, puisque je pleure tout le temps! Ces larmes de joie viennent par contre libérer toute la tension retenue depuis des mois pour ne pas montrer qu'il y avait aussi en moi une parcelle de doute. Mais je sais que l'Univers n'a rien à faire de nos doutes. Si l'on se met en mouvement, si l'on a la foi et qu'on plonge dans l'action, on est toujours soutenu. Anne-Marie s'est mise en action en choisissant la Vie. Elle a eu la foi et a su instinctivement que son corps connaîtrait le chemin de la guérison si elle cessait de lutter. Quand, au début de l'été, elle a demandé consciemment à sa jambe gauche de s'occuper de la droite, elle acceptait d'emblée que son corps pouvait faire ce travail de régénérescence par lui-même. En s'enlevant du chemin, en choisissant de ne pas nourrir le spectre de la maladie, mais plutôt celui de la vie, elle a offert à son corps les outils pour se guérir. Et elle a plongé dans le vide, même si ce vide pouvait signifier la mort.

L'Univers l'a gratifiée de la Vie.

J'essuie mes larmes et nous nous laissons glisser dans l'espace méditatif, bercées par cette indescriptible sensation de bien-être et de soulagement! Nous pourrons célébrer ce soir dans une légèreté retrouvée, parce que je sens que l'année 2014 sera vraiment plus douce… quoi qu'il advienne!

* * *

– J'ai plein de questions !

En sortant de méditation en ce 4 janvier 2014, je ressens une effervescence si grande que je ne tiens plus en place. Je veux comprendre. Même si je suis consciente qu'on ne pourra jamais tout expliquer par des mots, je propose à Anne-Marie de répondre à quelques-unes de mes questions pour approfondir les notions de guérison. Et pourquoi ne pas demander au passage quel sera son prochain mandat de travail ? Parce qu'en plus d'écrire des scénarios pour une émission jeunesse, ma jumelle est une formidable *coach* de vie. Formée en PNL (Programmation neurolinguistique), elle a d'ailleurs recommencé avant Noël à accompagner quelques personnes sur leur propre chemin de guérison, consciente qu'elle se trouve au sommet de son art, dans la complétude de son Être. Et puisqu'on nous a transmis qu'elle serait inspirée pour la suite après les fêtes, Anne-Marie est curieuse de savoir si l'accompagnement sera sa principale voie de création dans les prochains mois.

Voici en essence la correspondance qui s'est établie avec nos guides pendant quelques semaines. Les réponses sont parfois étonnantes, mais elles confirment ce que j'avais aussi reçu en écriture à l'automne, soit que son mandat est bel et bien complété… Il ne lui reste qu'à jouer, ce qu'elle peut faire en exerçant le métier de *coach*, en regardant la télé, en jardinant… ou en brossant son cheval !

« *Chères filles bien-aimées,*

L'Être Anne-Marie a déjà accompli le mandat pour lequel elle avait incorporé un véhicule sur ce plan terrestre. Elle avait à s'affranchir de la peur d'exister dans un corps séparé du groupe source logé dans une autre dimension. Elle avait à explorer la création en acceptant de quitter le lit douillet de la septième corde afin de mieux intégrer les nombreuses possibilités qu'offre la vie dans ses multiples dimensions. Anne-Marie a complété ce mandat et est prête à emprunter le chemin du retour, lorsqu'elle en aura fait la demande à son Âme maîtresse.

Elle se trouve actuellement dans un espace de liberté et de complétude, dans cet état de grâce où le temps n'existe plus, où l'Amour, la présence de Dieu EST. Nous le répétons, son mandat d'incarnation est terminé.

Toutefois, nous observons que la flamme est encore en effervescence, puisque la personnalité Anne-Marie a choisi d'étendre son action encore un peu plus longtemps pour permettre une reconnaissance de l'état de grâce dans la troisième dimension. La volonté de goûter à la félicité, ici, maintenant, pour ramener à la Maison dans le groupe d'Âmes de la septième dimension une expérience savourée dans la conscience, dans le choix de la séparation, dans le libre arbitre, dans la justesse du Soi, en conformité avec Dieu, dans le Tout. »

«Merci pour cette magnifique réponse. C'est très beau de constater que la pleine réalisation de l'expérience terrestre sert aussi les autres plans! J'ai plusieurs questions au sujet de la guérison d'Anne-Marie, par contre. La première concerne les renoncements. Vous nous avez transmis ceci dans un message précédent: *"La jumelle trace le chemin, puisqu'elle a abandonné toute résistance, tout attachement à l'expérience de la troisième corde."* Pouvez-vous préciser quels sont au juste ces renoncements ? »

« *Chère Âme,*

Anne-Marie a renoncé à l'attachement à sa personnalité dans l'expérience de ce corps physique. Elle a accepté de se libérer de tous les attachements émotionnels qui la mainte-naient dans l'expérience terrestre. Ce que vous nommez "cancer" lui a offert l'occasion de laisser aller toute forme de contraction, toute forme d'attachement à son identité. Lorsqu'elle a touché à l'énergie de la mort, à la possibilité de faire le passage, elle s'est reliée à l'Âme maîtresse de son Être, et la fragrance Anne-Marie s'est dissoute. Une sensa-tion de plénitude et d'accomplissement a investi son corps et son esprit. L'expérience de la dualité s'est transformée en une rencontre avec la Vérité de tout ce qui Est.

Dans le regard d'Anne-Marie, le bien et le mal n'existent plus. Le noir et le blanc ont fait place à la lumière intérieure. Le haut et le bas se sont rencontrés en un point focal, au centre de son corps céleste, dans le cœur solaire. Anne-Marie vibre en harmonie avec la Vie Une, la Vie parfaite. Elle a choisi la Vie, quel que soit le chemin emprunté. Ce faisant, la croyance en la mort s'est dissoute, ce qui lui a donné accès à l'Énergie de la Vie éternelle. En renonçant à l'identité, aux attachements, à la croyance de la séparation, Anne-Marie a contacté l'Essence de toute création. Elle peut ainsi observer que l'Amour se déploie dans chaque expérience rencontrée par l'humain. Tout est Amour.

En vainquant l'illusion de la Mort, en permettant à la per-sonnalité de mourir, Anne-Marie s'est libérée du mouve-ment qui garde les humains dans la roue de l'incarnation. Elle poursuit maintenant l'expérience librement, dans la joie et le jeu. Le karma étant accompli, elle chemine dans le libre arbitre, choisissant de rester encore quelque temps sur cette

Terre pour goûter pleinement ce que veut dire le Paradis, ici, maintenant, dans une incarnation avec un véhicule de matière, dans cet Univers que vous avez collectivement créé.

Anne-Marie sait qu'elle va choisir le moment approprié pour quitter son véhicule corporel. En ce présent temps, elle explore et offre sa présence, son soutien à ceux et celles qui croisent son chemin. »

Fabuleux! La quête est réellement terminée. Anne-Marie n'a vraiment plus rien à faire. Elle n'a plus qu'à Être! La question d'un nouveau mandat ne tient plus, si ce n'est de s'amuser à vivre dans un corps physique, sans mandat, sans étiquette. Elle n'est plus ni mère, ni épouse, ni amie, ni *coach*… Elle Est. Il ne reste que la Divine Essence, sans attache à qui ou à quoi que ce soit, et pourtant dans l'amour inconditionnel de tout ce qui Est.

Mais quels sont ces renoncements concrètement?

Dans les dernières années, j'ai vu ma jumelle faire le deuil de tout ce à quoi elle s'était attachée. Elle avait déjà commencé à le faire dans la trentaine avec ses jumeaux qui, à l'adolescence, avaient fait le choix de quitter le nid pour aller vivre chez leur père. Anne-Marie n'a jamais été une mère comme les autres et sa façon singulière de vivre sa relation avec ses enfants en a fait sourciller plus d'un. Force est de constater aujourd'hui, en regardant les beaux adultes épanouis qu'ils sont devenus, que sa méthode en valait bien d'autres. Puis, les nombreux renoncements amoureux sont venus renforcer sa conviction que l'amour est une énergie qui circule en tout Être et qui ne peut être emprisonnée dans des relations possessives, ni même exclusives. Anne-Marie n'a jamais été la femme d'un seul homme. Moi non plus d'ailleurs! À ce chapitre, ma jumelle et moi sommes identiques. Oui, nous sommes toutes les deux loyales dans nos unions, mais les pères de nos enfants et les autres hommes que nous avons aimés font encore partie intégrante de nos vies. Dans mon cas, ils étaient même tous présents à mon mariage ! Thomas et Stéphane, qui entretiennent d'aussi bonnes relations avec leurs anciennes conjointes, ont appris gracieusement à vivre avec cette réalité et accueillent régulièrement nos ex à la maison… avec le sourire ! Merci pour cette formidable ouverture, les gars !

Les renoncements professionnels ont été pour Anne-Marie les derniers à s'imprégner dans ses cellules. Elle a accepté avec sérénité que peu importe le statut de travail, tout nourrit le mouvement de la Vie. Tout est Amour. Que ce soit un contrat de télé bien en vue ou un métier de palefrenière à l'écurie, il n'y a plus aucune différence. Toutes les conventions sociales sont tombées une à une en quelques mois, sans amertume et sans regret.

En somme, le spectre de la mort a permis à Anne-Marie de reconnaître au plus profond de son Être que nous faisons tous Un avec la Vie, du plus petit au plus grand, dans les règnes animal et végétal, du dernier des meurtriers au plus sage des maîtres, sans égard pour quelque facteur extérieur que ce soit. Il ne s'agit plus d'une connaissance intellectuelle, mais d'une reconnaissance cellulaire de qui elle Est.

Tout m'apparaît plus clair soudainement, mais un aspect m'embête toujours. Je pousse le questionnement un peu plus loin…

« Si Anne-Marie a vécu tous ces renoncements en s'approchant de la mort, la majorité d'entre nous ne vivra pas nécessairement cette expérience extrême. Pouvons-nous faire ce chemin sans passer par le cancer ou toute autre maladie grave ? »

« Chère Âme, tous les êtres humains vont passer par l'expérience du détachement et du renoncement à la personnalité pour retrouver leur état naturel, celui de l'Âme unifiée avec la Source. Dans le pèlerinage qui a amené les Êtres à s'incarner sur la Terre, à venir explorer la création dans un véhicule corporel, tout un chacun a accepté de se séparer de la Source. En investissant le corps de matière, chacun a choisi de se détacher du Grand Tout pour devenir une entité, une conscience fragmentée, une individualité possédant son libre arbitre, sa couleur, son essence, sa personnalité.

Pour faire image, disons que chaque être humain est une goutte d'eau de l'Océan de la vie qui a choisi volontairement de se détacher en toute conscience pour venir créer sa propre réalité en vivant l'expérience terrestre. Tous les Êtres sont des créateurs qui viennent faire de leur vie une œuvre unique, certains choisissant de devenir ruisseaux, d'autres cascades, sources, étangs, lacs, rivières… ou fleuves. Chacun choisit d'y inventer son propre décor, ses couleurs, sa musique. Toutefois, quel que soit le chemin de manifestation emprunté, l'Être reviendra tôt ou tard s'unir à la Source après avoir accompli l'itinéraire qu'il porte en son cœur.

Dans l'état actuel de l'expérience collective, les Êtres vivant sur votre belle planète bleue vont, en grande majorité, expérimenter la réunification avec la Source lorsqu'ils entreprendront le chemin du retour par ce passage que vous appelez la "mort". C'est le chemin qu'ils connaissent pour retrouver leur état initial, pour revenir à la Maison, pour quitter l'état de séparation et ainsi se détacher de l'expérience vécue.

Votre questionnement, chère France, est conditionné par une croyance puisque vous induisez dans la formulation que la majorité des humains ne vivront pas l'expérience du cancer ou de ce que vous nommez maladie grave. Observez la réalité de chacun des Êtres de cette humanité et vous réaliserez que tous, sans exception, vivent à un moment ou à un autre un cancer ou tout autre déséquilibre cellulaire. C'est un appel de l'Âme qui invite à se détacher de toute forme de croyances, de tout lien émotionnel, de l'expérience humaine de la dualité et de la séparation.

Un humain peut avoir, comme cela, plusieurs appels de l'Âme. Lorsque l'appel est si fort qu'il faille cette fois-ci l'honorer, l'Être a le choix de se libérer de son karma, donc de la forme qu'il avait choisi de manifester en cette Terre, en quittant son corps par le chemin de la mort. Ou il peut s'éveiller ici, maintenant. Il peut revenir à l'essentiel en se rappelant qu'il est Esprit illimité et éternel. Il peut se souvenir et incarner l'Océan. Ainsi, il aura vaincu le spectre de la mort, sachant que la Vie éternelle est ici même.

L'appel se fera entendre chez tous les êtres humains. Lorsque l'appel est entendu et accueilli, un sentiment de grâce et de joie profonde pénètre chacune des cellules du corps vibrant alors à la musique de l'Âme qui a pénétré à l'intérieur de la matière. Lorsque l'appel est entendu et accueilli, la séparation d'avec le Tout n'existe plus. L'Amour est au cœur de l'Être et tout ce qui l'entoure devient beau. Tout devient partie du Grand Soi. Tout devient parfait.

S'il y a résistance et que l'Être pénètre dans la peur et la contraction, une lutte s'amorce. Cette lutte va le mener vers la mort dans des états de souffrance, puisque la personnalité n'est pas en mesure de laisser aller les résistances. La person-

nalité lutte contre elle-même, contre son Âme, contre l'appel de son cœur. Seule la mort devient libératrice. L'Être pourra ainsi choisir une nouvelle forme de création, en ce monde ou dans une multitude d'autres ailleurs. Ou il pourra simplement s'unir à la Source, à l'Océan, et vibrer dans le Tout.

Qu'est-ce que la résurrection, chère Âme? Que veut dire "renaître à nouveau"? Que veut dire "vaincre la Mort"? Que veut dire "redevenir un enfant" pour entrer dans le royaume de Dieu? Toutes ces expressions de votre langage n'ont qu'un seul et même objectif: permettre à la personnalité de se souvenir et de fusionner avec l'Océan. La forme se transforme, se dés-identifie, réalisant qu'elle n'est ni lac, ni fleuve, ni ruisseau... qu'elle est Océan.

Nous vous aimons. »

Nous aussi!

Wow! quel bel enseignement! On a déjà transmis dans *Le Maître en Soi* que tout le parcours d'un être humain est comparable à celui d'une goutte d'eau qui se détache de l'Océan pendant une période déterminée pour mieux y retourner au moment de la mort. Mais c'est la première fois qu'on met en images de façon aussi éloquente la création unique de chaque être humain. Anne-Marie elle-même est épatée de ce qu'elle a écrit, se voyant spontanément comme un lac tranquille retiré dans les montagnes, alors qu'elle m'attribue d'emblée l'image du fleuve, sûrement en raison de mes fréquentes envolées oratoires aussi fougueuses et intenses que le Saint-Laurent!

Je ne peux contester par ailleurs que la majorité des humains choisissent la mort pour billet de retour à la Source, et que la maladie est la voie principale qui les entraîne sur ce chemin. Je comprends aussi ce que les guides expriment quand ils suggèrent que ma question est conditionnée, parce qu'en effet je ne peux me résigner à croire que la souffrance est la seule voie vers cette grande libération karmique. Alors, comment poser la question pour qu'elle soit juste et sans conditionnement ?

C'est Anne-Marie qui, quelques jours plus tard, répond finalement à ma question !

– Tu sais, France, je n'ai pas souffert du cancer !

– Que veux-tu dire par là ? Je t'ai vue avoir mal, pleurer, être en état de choc…

– Oui, mais je n'ai pas souffert. Tu racontes toi-même qu'il y a une nuance entre la douleur et la souffrance. J'ai eu mal, c'est vrai. J'ai pleuré et j'ai été découragée par moments, c'est vrai aussi. J'ai été en état de choc à quelques reprises, je te l'accorde. Mais je n'ai pas souffert. Je sais ce qu'est la souffrance, parce que j'ai été très souffrante dans ma vie, particulièrement à l'été 2011, pendant mon épisode d'épuisement. Je me sentais perdue, j'avais peur de mourir, je paniquais. Mais jamais je n'ai été souffrante du cancer.

– Je comprends la nuance, sauf que je n'avais pas réalisé que tu avais transcendé la souffrance aussi rapidement.

– Je ne dis pas que cela a été une partie de plaisir, mais grâce au cancer je me suis guérie ! Je ne sais même pas, dans le fond, si je suis guérie du cancer ! Mais je suis guérie de toutes mes peurs, de toutes mes blessures et de tous mes thèmes karmiques.

– Alors, ça confirme qu'on n'a pas à souffrir pour ascensionner, qu'on a juste à lâcher prise tout au long du processus.

– Je te le répète, les douleurs dans mon corps et les moments de tristesse ou de découragement n'ont jamais affecté ma joie profonde et ma conviction que tout mène à la Vie. Je suis tellement bien! Ça ne s'explique même pas!

Merveilleux. Je continue toutefois d'espérer qu'on n'aura plus à se rendre malade pour vivre le détachement et se libérer du karma. Présentement, les humains sont conditionnés à souffrir, à vieillir et à mourir. Mais comme l'enseigne Ramtha, tout ça n'est qu'une illusion reliée à notre pensée limitée. Une pensée illimitée crée une vie illimitée. Ma jumelle s'est permis dans les derniers mois d'entretenir une pensée illimitée, ce qui a provoqué sa grande transmutation. Qui sait, peut-être que ma vision d'atteindre l'illumination sans se rendre malade n'est en fait qu'une projection optimiste de ce que nous réserve le Nouveau Monde?

Je réalise en même temps qu'avec tous ces renoncements, tous ces détachements, Anne-Marie a naturellement mis en pratique la philosophie du moment présent, qui représente la clé principale pour accéder à cet espace de non-souffrance. Car la présence à chaque instant nous assure de ne pas ressasser le passé, que ce soit par nostalgie d'une époque plus heureuse ou pour brasser de vieux souvenirs amers. On n'est pas tenté non plus de s'inventer des scénarios pour l'avenir en appréhendant le pire. Le moment présent est exempt de peur. On ne nourrit pas la maladie quand on vit chaque seconde pleinement. On nourrit la Vie.

La présence nous assure de vivre ici, maintenant, la perfection de la Vie.

CHAPITRE 24

L'alchimiste

J'ai deux grands dadas dans la vie : la maîtrise et l'alchimie.
Bien que ces deux sujets m'inspirent et me passionnent, je
n'en saisis pas tous les rouages, loin de là. Le processus alchimique par lequel Anne-Marie est passée pour se guérir semble
tout aussi fabuleux que mystérieux. Comment active-t-on cet
alchimiste en nous qui connaît la voie de la transmutation ?
Comment réveiller ce magicien qui sait comment transformer
la matière et provoquer la guérison ? En fait, cela demeure
pour nous une énigme. Si ma jumelle a réussi à éliminer les
foyers cancéreux de son corps en quelques mois sans trop en
comprendre le processus cellulaire, la journaliste en moi a
besoin de savoir comment cela fonctionne.

On m'a déjà transmis que je pouvais créer à la vitesse de la
lumière, comme Picasso, en contactant l'alchimiste en moi.
J'ai intégré une partie de cet enseignement, que je vous ai
décrit précédemment dans mes nombreuses créations de
l'année 2012, mais il me reste à en décoder les subtilités.
Voici ce qu'on m'a répondu un matin, après notre méditation du week-end, quand j'ai voulu comprendre comment le
corps d'Anne-Marie avait trouvé par lui-même le chemin de
sa pleine guérison. Sachez, pour la bonne compréhension de

ce texte, que sans même connaître la question que je m'apprêtais à poser, ma jumelle a instinctivement porté son attention sur ses différents chakras pour les harmoniser avant de méditer.

« *Chers maîtres, nous sommes présents depuis le début de l'intériorisation à travers laquelle Anne-Marie a fait l'exercice de reconnexion avec les lumières de ses centres énergétiques, que vous nommez "chakras", et que nous observons en lumières et en couleurs. Non point les couleurs du monde de la matérialité, mais c'est ce qui peut vous donner une image pour favoriser votre compréhension.*

Anne-Marie a visualisé tous ses centres énergétiques, puisque nous attendions votre questionnement chère France bien aimée. Pour faire image, disons que lorsque votre jumelle a choisi la voie de la guérison, elle a éveillé toutes ses lumières en se libérant des cellules qui ne servaient plus le Grand Plan. Ce que vous nommez "cellules cancéreuses" a été, d'un point de vue énergétique, aspiré par un vortex en forme de spirale qui a mené les cellules vers un point focal, formant la masse qui fut extirpée du corps par les médecins. Cette masse concentrée en ce point focal était la manifestation de tout le karma accumulé qui devait se libérer pour amener la manifestation de l'Âme à sa pleine lumière, à sa pleine guérison.

Le mouvement alchimiste est en réalité un éveil de tous les vortex lumineux du véhicule corporel qui se sont mis en mouvement, provoquant un nettoyage complet de l'Être incarné. Le processus avait commencé chez l'Être Anne-Marie en ce 1er janvier 2012 de votre calendrier et s'est poursuivi jusqu'au printemps 2013, quand la masse a atteint sa pleine maturité. Ce que vous, chère France, aviez compris dans votre écriture inspirée en appelant cette période "phase de nidification".

Le vortex qui vibrait à l'intérieur a donc amené toutes les cellules du karma à ce point focal du centre du corps, celui de la créativité de l'humain, le chakra de la création et de la procréation, pour en permettre l'expulsion. Cette expulsion aurait pu se produire sans ce que vous nommez "opération". L'expérience a toutefois permis à l'Être Anne-Marie d'offrir un enseignement à sa lignée familiale, principalement à sa fille, qui va poursuivre sa propre création dans un chemin de révélation du cœur solaire…

… Le corps d'Anne-Marie est ainsi libéré de tout karma et se présente comme un réceptacle de la lumière divine à travers les rayons de toutes formes de créations. Elle est guérie parce qu'elle a intégré la joie et la pleine conscience que la Vie est toutes choses, toutes directions, toutes vérités.

Lorsqu'un Être choisit de guérir et laisse le processus se réaliser dans son entièreté, il lui faut une foi inébranlable puisque de l'extérieur, pour ceux qui l'accompagnent, cela peut sembler un chemin vers la mort. Les proches témoins sont réveillés dans leurs peurs et l'Être en guérison doit élever sa conscience pour percevoir la Vérité à travers l'illusion de la troisième dimension. Les autres Êtres, ceux qui vivent un processus de guérison en exprimant la peur, choisissent la mort comme chemin de libération karmique. Votre jumelle a choisi la Vie et c'est pourquoi elle est toujours en présence sur cette Terre dans la joie et la paix de Dieu.

Il n'y a plus de cellules karmiques chez Anne-Marie. Il y a la Vie, et seulement la Vie.

Salutations. »

Eh bien, c'est on ne peut plus clair… tout en étant complètement abstrait ! L'image des vortex, ces tourbillons énergétiques qui se mettent en mouvement et aspirent les cellules cancéreuses vers un point focal, pour mieux les expulser naturellement par la suite ou pour qu'elles soient retirées par une chirurgie, nous permet au moins de nous faire une idée mentale du processus. Selon cette observation à partir d'un autre niveau de conscience, lorsqu'on élève notre taux vibratoire, les vortex créés par l'activation de ces spirales lumineuses auraient le pouvoir de transmuter la matière dense qui n'a plus sa raison d'être à l'intérieur de nous. Pourquoi pas ! Sans même avoir lu ce texte ou en avoir discuté avec Anne-Marie, c'est l'exercice instinctif que je pratique depuis un an quand je veux accélérer la guérison de mes petits virus. Comme quoi on peut tous se laisser inspirer de la même source et les images nous viennent sur demande.

Ce que j'intègre toutefois, c'est qu'on a confondu mort et libération karmique. Plutôt que de prendre la grande porte qui mène directement au Paradis sur terre en choisissant de se rencontrer, on préfère depuis des millénaires emprunter la sortie de secours vers une libération temporaire que nous procure la mort, y cherchant un paradis virtuel promis par toutes les religions. Or, la clé du Paradis se trouve au cœur même de cette libération karmique, ici, maintenant, dans notre corps physique. Voilà ce que veut dire « vivre le Paradis sur terre ». Encore faut-il reconnaître nos thèmes karmiques, les blessures qu'ils ont entraînées depuis notre enfance et les couches de personnages que nous nous sommes créées en guise de protection pour mieux nous en libérer. Ce sont des notions que j'enseigne déjà dans ma *Classe des maîtres*, mais qui prennent soudainement tout leur sens !

On m'a déjà transmis, par ailleurs, que la guérison est un état de conscience. Aujourd'hui, j'en conclus que cet état de conscience passe par une élévation de notre fréquence jusqu'à ressentir l'amour inconditionnel et la pure compassion envers soi et tout ce qui Est. Cette nouvelle conscience de cinquième dimension nous accorde enfin l'ultime guérison, la dissolution de tout karma. Dans cet espace, il ne reste que la pure joie de créer et de jouer avec la matière jusqu'au jour choisi par notre Âme maîtresse pour amorcer le grand retour à la Maison.

« *Le mois de mai est celui*
de la résurrection pleine et entière
du corps de Myriam-Marie
en la personnalité Anne-Marie… »

CHAPITRE 25

La résurrection

Le printemps se pointe enfin à nos portes après le plus long hiver que le Québec ait connu, du moins selon mon souvenir et mon seuil de tolérance au froid qui diminue d'année en année! En ce week-end d'équinoxe à la campagne, j'ai fait un rêve étrange qui ne quitte plus mon esprit. Depuis quelques années, les rêves prémonitoires sont devenus monnaie courante dans ma vie et s'avèrent de plus en plus précis. Ce matin, je suis restée au lit pour y repenser et revivre toutes les émotions qui y étaient reliées. J'avais plus l'impression d'avoir fait un voyage astral qu'un rêve. Pour moi, la nuance se situe dans le ressenti. Au cours d'un voyage astral, qui se produit surtout au petit matin lorsque je somnole quelques instants avant de me lever, je vis toutes les sensations reliées à la scène qui se déroule sur un autre plan, comme si j'y étais vraiment. Le toucher, le goût, les sons, les odeurs, tout est au rendez-vous.

Dans ce voyage nocturne, je me trouvais sur le siège du passager de la voiture d'Anne-Marie. Elle était au volant et refusait de m'amener à l'écurie. Elle m'entraînait plutôt dans une autre direction, sur un chemin de campagne parsemé de petites maisons devant lesquelles des humains étaient enchaînés comme des chiens. Devant ce spectacle désolant, ma jumelle s'est mise à pleurer en disant qu'elle voulait voir Claude, son père, et Jean. J'ai présumé qu'elle parlait de mon père, qui s'appelait Jean-Pierre. En me réveillant, j'ai entendu clairement qu'il y aurait un passage important à traverser au mois de mai.

J'attends que l'horloge indique 8 h et je me précipite chez Anne-Marie pour lui raconter les détails de mon rêve. J'ai la nette sensation que nos pères ont un message à nous livrer. Je suggère donc d'écrire à ce sujet après notre méditation matinale. Voici l'éclairage qu'on a reçu par la plume de ma jumelle.

> « *Chères filles bien-aimées. L'Être Anne-Marie est éveillé et en contact avec les énergies de son père d'incarnation et avec celles du père d'incarnation de l'Être France, qui étaient de grands guérisseurs* (l'un étant pharmacien et l'autre médecin). *Toutefois, ils n'ont pas été capables de compléter leur mandat d'incarnation, étant tous les deux descendus trop profondément dans leur corps émotionnel, ce qui a amené en chacun une très grande souffrance dans la troisième dimension terrestre. Ils ont dû quitter ce monde avant d'avoir pu achever leur mission, laissant le trésor qu'ils portaient dans la matrice de ce plan de vie. Vous êtes, chères jumelles, les héritières du trésor de vos pères, qui vous accompagnent et vous observent en tout temps afin de vous insuffler leur énergie, ce qui leur permet de poursuivre leur mission à travers vous.*
>
> *Les Êtres enchaînés que vous avez observés dans le monde que vous appelez rêve, chère France, sont ceux qui ont besoin de votre présence à toutes les deux et que vous allez de plus en plus accueillir. Comme ils portent de grandes blessures, l'énergie des pères vient vous envelopper d'un dôme protecteur pour préserver votre flamme intérieure et vous per-*

mettre de conserver la joie, l'amour, l'état de grâce, même si vous êtes et serez de plus en plus en contact avec les souffrances de ce monde.

Le mois de mai est celui de la résurrection pleine et entière du corps de Myriam Marie en la personnalité Anne-Marie, ici sur ce plan et aussi partout en toutes choses, en toutes dimensions. Mai est pour la jumelle le rendez-vous de la personnalité totalement incorporée à l'Âme dans la conscience éveillée. Elle pourra ainsi témoigner et vous serez, chère France, comme vous l'avez toujours été, le prolongement de l'Énergie de Jean le Baptiste, celui-là même qui proclamait dans le désert la venue du Christ en chacun. Vous allez compléter le message, être la voix, le guide, la manifestation de la vérité.

Vos pères sont ici présents avec vous et vous enveloppent de tout leur amour… »

Que dire de plus, si ce n'est de nuancer quelques propos susceptibles d'être mal interprétés ?

D'abord, nous ne sommes pas des élues ! Et je n'ai rien de saint Jean-Baptiste non plus. Ce n'est qu'une métaphore pour me montrer que je vais continuer, en bonne enseignante-éclaireure que je suis parmi tant d'autres, de « propager la bonne nouvelle » que nous sommes tous des dieux, des maîtres, des christs réalisés ou en voie de le devenir.

La présence de nos pères est plutôt réconfortante, mais pas surprenante. Bien que c'est la première fois qu'Anne-Marie écrit à ce sujet, je ressens la vibration de mon père à mes côtés depuis de nombreuses années, particulièrement depuis que je me suis ouverte à l'existence des mondes parallèles.

L'élément qui m'intrigue le plus est plutôt «*la résurrection plei-ne et entière du corps de Myriam Marie en la personnalité Anne-Marie, ici sur ce plan et aussi partout en toutes choses, en toutes dimensions…*». Je vous le rappelle, Myriam Marie est le nom d'Âme de ma jumelle. Mais que veut dire au fond le mot résurrection ? Faut-il passer par la mort du corps physique pour la vivre ? Nos guides sont-ils en train de nous trans-mettre qu'Anne-Marie devra laisser son corps derrière, qu'elle va mourir pour atteindre la plénitude de son Âme de l'autre côté du voile ?

Il ne nous reste qu'à attendre le mois de mai…

* * *

– Gauthier, tu peux publier !

– Pardon ?

– Tu peux publier. L'infirmière vient de me confirmer qu'il n'y a aucune récidive. Les médecins ne voient plus de trace de cancer, selon les résultats de mon dernier scanner en tout cas !

Nous sommes le 6 mai ! Je viens de passer une demi-heure au téléphone avec Anne-Marie pour l'entendre me raconter, sur-voltée, comment elle se sent comme une alchimiste qui vient de réussir un coup fumant. Après avoir passé des mois à cher-cher la recette de la transmutation, elle a finalement vu appa-raître le fameux lingot d'or dans ses mains. Le plomb de la maladie s'est transformé en or de Vie.

Wow !

L'enthousiasme de ma jumelle est contagieux. Pas que je le sois moins, au contraire, mais je me retiens de lui répéter en hurlant de joie que «je le savais»! Je ne peux l'expliquer, mais je suis habitée depuis le début par la foi inébranlable qu'Anne-Marie ne peut vivre qu'une *«guérison pleine et entière»*, comme nous l'ont transmis nos guides à l'été 2013. Et pourtant, je sais qu'elle a aussi le choix de partir à tout moment, en toute conscience. Beau paradoxe, me direz-vous! Pas pour moi.

Dans les derniers mois, Anne-Marie a expérimenté une sensation de solitude profonde dans ses rêves, même si elle était constamment entourée le jour de gens qui l'aiment et l'appuient. Quand j'ai posé la question pour elle en écriture inspirée, on m'a transmis que *«cette solitude est comparable à celle vécue par le Christ sur la croix, qui a touché à un instant de vacuité entre les mondes quand il a demandé avant de mourir: "Père, pourquoi m'as-tu abandonné?" C'est aussi la sensation associée au tunnel décrit par les "expérienceurs" de mort imminente après leur voyage dans l'au-delà. Cet état n'est en fait qu'un portail multidimensionnel, qu'un passage entre la matérialité et la fluidité des plans subtils. Tout être humain devra traverser ce désert, un voyage en solitaire obligé pour retourner à la Maison de Dieu, sa Véritable Demeure. Votre jumelle s'entraîne à vivre le grand voyage de retour à la Maison lors de ses escapades nocturnes et cela se traduit par un sentiment de solitude que même le maître accompagnant Thomas ou vous, chère fille, ne pouvez vivre avec elle...»*

Mais qu'arrive-t-il après le tunnel pour une majorité de gens qui connaissent une EMI? Ils voient la lumière et ressentent l'amour inconditionnel avant de revenir dans leur corps.

Je comprends soudainement qu'Anne-Marie vient de ressusciter! Elle a traversé son désert et a maintenant accès à la Vie éternelle. Bien sûr, elle ne vivra pas éternellement dans son corps physique actuel, mais elle a vaincu la mort parce qu'elle a choisi de nourrir la Vie.

J'ai toujours dit qu'on n'a pas à mourir pour entrer au Paradis et rencontrer Dieu. On n'a pas à vivre une EMI non plus pour ressentir l'Amour inconditionnel et la grâce de l'au-delà. Anne-Marie en est un bel exemple. Elle n'a pas eu à mourir pour connaître cette plénitude. Elle n'a pas eu non plus à quitter son enveloppe corporelle pour ressusciter. Elle a eu à se guérir de tout karma et des blessures émotionnelles qui y étaient reliées, ce qui n'est pas une mince tâche, j'en conviens, mais qui est réalisable quand on comprend que ça passe avant tout par l'amour inconditionnel de Soi. C'est la grâce qu'Anne-Marie s'est accordée en choisissant la Vie, dans la joie pure de chaque instant qu'elle lui procure. Sa guérison se voit dans ses yeux, se sent dans son attitude, se ressent dans son Être.

Mon amie a aussi retrouvé toute la vitalité de son adolescence, comme nos guides l'avaient promis. Elle rayonne tel un gros soleil, et à la voir aller on pourrait penser qu'elle va vivre jusqu'à 150 ans. Ou elle peut mourir demain. Cela demeure toujours le choix de son Âme.

Mais quand elle quittera le plan terrestre, elle le fera en toute conscience… et complètement guérie !

Voilà, selon moi, ce que veut dire « transcender la mort ».

Épilogue

Après ma blessure au dos, en juillet 2013, j'ai mis volontairement l'écriture de côté jusqu'en février 2014 me disant que je devais attendre le signal d'Anne-Marie pour poursuivre. Je crois que j'attendais qu'elle me dise haut et fort : « Je suis GUÉRIE ! »

Quand elle a ajouté qu'elle était prête à témoigner de son expérience en public, j'ai ressenti une grande effervescence en moi et une urgence de ressortir l'ébauche du manuscrit entrepris au printemps précédent. Les messages qu'elle recevait intensément pendant plusieurs jours en rêve et en inspiration s'avéraient autant de signes clairs de faire connaître son histoire. Je lui ai demandé de me donner quelques mois pour terminer mon récit avant d'aller dans les médias partager les enseignements reçus pendant cette année faste en transmutation.

Finalement, force est de constater qu'en choisissant de rester un peu plus longtemps sur ce plan pour transmettre la sagesse acquise tout au long de son expérience, elle s'est trouvé un nouveau « mandat de vie » ! Voici d'ailleurs ce que nos guides nous ont livré à ce sujet.

« *Salutations, France bien-aimée. Heureux nous sommes d'entrer en relation avec vous pour faire vibrer la conscience de ce qui a été en gestation dans la matrice de l'expérience de votre sœur d'Âme, Myriam Marie. Une semence qui est maintenant à sa pleine maturité était inscrite dans le mandat d'incarnation de votre compagne, en cette vie. Nous le répétons, l'Être a terminé son cycle d'incarnation sur la roue du karma. L'Être a achevé la pacification des multiples aspects de son Essence et a maintenant une vue d'ensemble essentielle à la compréhension de ce qu'elle a accepté d'accomplir.*

Son véhicule corporel s'était porté volontaire pour une transformation cellulaire importante, afin d'amener l'Âme à mieux intégrer le processus de création dans la matière à partir d'une idée maîtresse et du souffle de Vie. L'intention de la source de l'Être était d'amener à la conscience la connaissance que la circulation de l'énergie de Vie peut s'exprimer à partir de différents chemins d'exploration, différents points d'ancrage.

Il faut savoir qu'à l'intérieur de ce corps physiologique qui a subi ces grands bouleversements, le réseau de chakras est toujours resté intact. La vitalité de l'Être n'a jamais été affectée. Seul un élément du corps physique et du corps émotionnel dans la troisième dimension était atteint pour que l'Être puisse apprendre à vibrer à partir d'un nouveau point d'ancrage dans la cinquième dimension, nommé aussi le cœur solaire.

Par le passé, le corps d'Anne-Marie, comme celui de la majorité des Êtres vivant sur cette planète Terre, vibrait à partir d'une énergie qui trouvait son lieu d'enracinement dans le deuxième chakra, le hara. Le rayonnement de l'énergie, distribuée par la suite dans tout le corps, se mettait en place dans le hara. *Désormais, le point focal à partir duquel l'énergie de Vie doit se propager à toutes les cellules s'établit dans le chakra du cœur. Non point le cœur physiologique, mais le cœur solaire qui se trouve à côté de celui-ci et qui est manifeste dans la cinquième dimension.*

L'énergie de Vie est maintenant distribuée à partir du cœur solaire, ce qui est un changement majeur. Anne-Marie a appris à utiliser le cœur solaire pour emmagasiner l'énergie de Vie et la redistribuer dans chacune de ses cellules. Ainsi, l'expérience s'est transformée et peut déployer d'autres formes de création, en interaction avec "tout ce qui Est", dans toutes les régions où se manifeste la Vie, ici et au-delà du voile. C'est ce que vous entendez par "ascensionner". C'est le passage d'un état de conscience qui se manifeste uniquement dans les troisième et quatrième dimensions, vers un état de conscience éveillé dans de nouvelles dimensions. Pour faire image, disons que la belle au bois dormant s'est éveillée.

Le deuxième chakra, le hara, *qui avait auparavant la fonction de distribuer l'énergie de Vie à tous les organes du corps de matière, se retrouve maintenant dans ce que vous pourriez imaginer comme une forme de repos, un état de grâce, puisqu'il a accompli sa mission. Il incarne maintenant la paix et offre une assistance puissante de lumière, tel un phare qui éclaire dans la complétude de son accomplissement.*

L'Être, dans sa plénitude, a permis aux corps physiologique et émotionnel de développer ce que vous nommez cancer, afin de créer l'élévation vibratoire nécessaire à la poussée vers une nouvelle expérience vécue à partir de la cinquième dimension. Certes, la cinquième dimension est accessible ici, maintenant, en cette vie. Elle émane du cœur solaire à travers le véhicule corporel et libère une importante charge énergétique venant assainir, purifier, élever toute vie intérieure et extérieure de l'Être.

Le passage de la conscience d'Anne-Marie dans la cinquième dimension aurait pu tout aussi bien amener une nouvelle forme de création exempt du véhicule corporel, en œuvrant sur d'autres plans de la Vie Une. Elle a plutôt choisi de continuer sur ce plan de vie avec une toute nouvelle perspective, son regard étant transformé par l'apport énergétique émanant du cœur solaire, qui est en harmonie avec toute expression de Vie provenant de la cinquième dimension et des autres plans plus subtils. La cinquième dimension peut être définie comme une porte importante qui permet le retrait du voile et l'émergence de la vision globale.

Votre sœur Myriam Marie connaît maintenant sa seconde mission d'incarnation, celle-là même qui pouvait s'inscrire dans un travail sur ce plan terrestre ou sur un autre plan de la création, exempt de son corps physique. Ce mandat en est un de conscientisation et de guérison d'une forme-pensée incrustée dans la troisième dimension, celle de la séparation entre la Vie et ce que vous appelez "la mort". L'Être Myriam Marie, en cette personnalité Anne-Marie, est venu sur ce plan avec la volonté d'enseigner que le chemin d'exploration dans l'illusion de la Vie et de la mort est terminé. Le moment est venu de propager cette vérité qu'il n'y a que la Vie.

Tous les chemins mènent à la vie. Toutes les maladies de ce monde mènent à la vie.

La Mort mène à la Vie.

Anne-Marie a expérimenté cette vérité et peut maintenant la faire circuler à travers l'Esprit saint en chacun. Nous sommes présents depuis quelque temps dans l'énergie pour souffler ce message dans les songes et les visualisations méditatives d'Anne-Marie afin qu'elle permette l'ouverture de la fleur qui la représente et qu'elle laisse le parfum se répandre. La fragrance de Myriam Marie est achevée et demande à se propager pour permettre aux Êtres qui souffrent dans la noirceur d'entrevoir la vérité de la Vie éternelle. L'Être Myriam Marie a choisi de réaliser son mandat ici, maintenant, en incarnant plus intensément la personnalité Anne-Marie, dans ce véhicule corporel. Elle poursuivra plus tard son mandat dans son corps de lumière. C'est pourquoi sont déposés sur le chemin d'Anne-Marie de multiples signes et clins d'œil de ses frères et sœurs de lumière afin qu'elle puisse se mettre en mouvement dans la certitude que le souffle de l'Esprit saint vibre en elle pour insuffler l'énergie nécessaire à l'accomplissement de son mandat.

L'Être Myriam Marie a vaincu la mort et peut maintenant montrer le chemin de vérité. Cette porte étroite que le Maître Jésus a ouverte il y a deux mille ans est devenue un pont entre le plan terrestre et le plan spirituel. Le temps est venu de libérer la peur initiale, gravée en chacun, et qui perpétue la souffrance dans une dualité qui n'est plus de ce monde.

Tout ce qui contribue à la manifestation du message de Myriam Marie est béni par les frères et sœurs des étoiles, par la Source de toute Vie. Vous pouvez, chère France, si vous le désirez, investir ce mandat aussi et accomplir cette mission main dans la main avec votre jumelle. Cette union permettrait une propulsion énergétique puissante, comme un soleil éblouissant dans un ciel pur, du bleu de Michaël. Vous êtes dans votre libre arbitre, fille de la Source en cette personnalité France, et quel que soit le chemin que vous empruntez, vous demeurez un Éclaireur au service de Dieu. Toutefois, l'impulsion de ce travail d'équipe avec votre jumelle est puissante et c'est la raison pour laquelle, comme vous l'avez compris, votre Âme a créé ce moment d'arrêt, d'intériorité et de ressourcement durant la même période qu'Anne-Marie, pour que vous puissiez aussi entendre l'appel, celui du mandat à accomplir dans l'unité de la septième corde.

Nous vous bénissons. »

Vous aurez compris que je n'ai pas hésité à me mettre en action ! Je n'attendais que ça au fond, et c'est venu m'expliquer pourquoi l'autre projet d'écriture sur lequel je travaillais depuis quelques semaines n'avançait pas. En huit mois, j'ai placé à l'agenda très peu d'activités publiques, juste assez en fait pour pouvoir manger et payer mes comptes jusqu'à la guérison complète de mon amie. Je ne savais pas trop pourquoi je le faisais, mais c'était plus fort que moi, je me devais d'être le plus présente possible. Même durant les semaines où je restais en ville avec les enfants, je trouvais du temps pour rejoindre Anne-Marie à l'écurie une demi-journée ici et là, simplement pour être à ses côtés. Cette présence se passait autant avec moi-même qu'avec elle. J'ai compris, en faisant le bilan de cette année de grandes transformations, que j'avais suivi les traces d'Anne-Marie sans vivre l'expérience du cancer dans mon corps. La plus grande leçon que je retire de toute cette aventure réside dans la conviction qu'on peut tous se transformer et ascensionner sans souffrir. Peut-être pas sans douleur, sans malaise, sans maladie ou défi, mais certainement sans souffrance.

Un fait indéniable demeure, on va tous « mourir » un jour, même si « *On ne meurt pas !* ». Chacun de nous va se départir de son enveloppe corporelle, comme le serpent qui mue laisse derrière lui la vieille peau qui ne lui sert plus. Le moment du départ et la façon de partir, que ce soit par maladie, accident ou suicide, demeure le choix de l'âme. Chacun trace son chemin et peut donc, en tout temps, changer le scénario. On peut ainsi vivre l'expérience terrestre en maître de notre destinée… et partir en toute conscience, complètement guéri !

Ce livre se veut un témoignage d'espoir tant pour ceux qui sont malades que pour les gens qui les accompagnent. Mais il représente aussi une voie vers la véritable résurrection, accessible au dieu en chacun de nous qui sait reconnaître sa lumière, sa beauté, sa grandeur. La résurrection du phénix, sans passer par les cendres.

Anne-Marie a ressuscité à elle-même. Elle ne s'est pas guérie d'un cancer, mais de ses peurs. Toutes ses peurs. Et elle a choisi de Vivre, ici, maintenant, pour l'éternité. Il n'y a ni recette ni rituel à exercer pour y arriver. Seulement un état de conscience de nourrir la Vie à chaque instant en se laissant inspirer par l'amour et non par la peur dans chacune de nos actions, de nos paroles et de nos pensées. En ces temps d'accélération vibratoire, l'alignement pensée-parole-action n'a jamais été aussi important. On ne peut tout simplement pas créer autre chose que ce qu'on pense, dit et fait. Et il faut un alignement optimal des trois pour y arriver. Si, par exemple, je veux créer la paix intérieure à tout prix dans ma vie et qu'à la première occasion, je rage contre la première personne qui me contrarie, mes paroles et mon action sabotent automatiquement ma pensée.

L'incertitude que je captais en écriture au printemps 2013, quand on m'a montré la phase de nidification de ma jumelle et son intention de partir, était d'ailleurs bien réelle. Ce que j'intègre aujourd'hui, même si j'en avais déjà une connaissance intellectuelle, c'est la notion de libre arbitre en tout temps. Anne-Marie, selon ma lecture du moment, avait décidé de continuer son parcours sur un autre plan que celui de la Terre. Puis, sur le sentier de sa guérison, elle a opté pour un autre scénario qui lui procure aujourd'hui la liberté totale de choisir le moment de son départ, dans la pleine conscience de son Âme.

Et moi aussi… par osmose !

Si j'ai pu faire un bond quantique en accompagnant ma jumelle dans sa transmutation, si j'ai saisi quelques notions de cinquième dimension et d'alchimie au passage, tout le monde peut aussi y parvenir. Sans me comparer ni me juger, je sais que je n'ai pas encore atteint sa grâce et sa plénitude. Toutefois, j'y aspire et je porte la conviction que mon intention pure va assurément m'y conduire, à mon rythme. Rien de tout cela ne se fait en quelques heures, bien sûr. Mais si on considère qu'une vie n'est qu'un souffle pour l'Univers, on a tout notre temps pour intégrer cette connaissance. L'important, c'est d'avoir la foi en Soi. Et la foi que tout mène à la Vie.

Même la maladie. Même la mort.

Alors, je choisis aussi la Vie !

Et vous ?

Testament… d'une Vivante !

(Ce texte a été écrit par Anne-Marie le 1er juin 2014, après qu'elle a terminé sa lecture du manuscrit.)

Nous sommes au printemps 2014 et je suis toujours bien vivante sur cette belle planète bleue que nous appelons la Terre. Je suis heureuse. Je suis bien dans mon corps, bien dans mon cœur, bien dans mon esprit.

Dans les derniers mois, j'étais sur un chemin incertain. Devant une falaise, j'observais le grand espace infini qui se déployait sous mes yeux. Un espace attirant, un peu effrayant aussi, mais bienveillant, doux, puissant, connu et en même temps oublié. Un espace que je croyais devoir atteindre en traversant ce que nous appelons « la mort ». J'aurais pu m'élancer en toute confiance dans ce Grand Tout et m'abandonner.

Je ne sais pas trop pourquoi, mais j'ai reculé à petits pas. J'ai reculé avec la pensée que le rendez-vous allait avoir lieu une autre fois. À ce moment, la fascination d'observer mon corps dans un processus de grandes transmutations m'éloignait de la falaise. Chose étrange, à un certain moment, j'ai senti que je me retournais. Et je me suis retournée complètement !

Mon corps est à présent orienté vers la Vie, vers la Terre, vers la matière. Et le chemin semble infini. Quand j'aurai assouvi ma curiosité, je ferai demi-tour et reviendrai à mon point de rendez-vous. Le choix du moment m'appartient.

L'expérience du cancer a complètement transformé mon état intérieur. La paix s'est installée en permanence. Avant, je jouais à cache-cache avec elle. Je la cherchais, je l'imaginais, je la méditais. Souvent, je la capturais et la goûtais de longs moments, mais, au gré des événements, elle se dérobait et je recommençais ma quête. Il faut dire que je suis têtue et déterminée. J'étais prête à tout pour que la paix accepte de s'installer confortablement en moi et choisisse d'y rester. J'étais prête à tout, même à rencontrer le cancer.

Le cancer ! Un amas de cellules « malignes ». Une grosse masse qui envahissait mon ventre. Un signal d'alarme. Est-ce que je vais mourir ? Bien sûr ! Est-ce que je vais mourir bientôt ? Peut-être. Est-ce que je dois me battre pour ne pas mourir ? J'ai décidé que NON !

J'ai refusé de me battre. J'ai dit non à la guerre. Je le répète, me battre contre le cancer voulait dire me battre contre une partie de moi-même. Me battre allait à l'encontre de ma plus grande quête : la paix ! Est-ce qu'il fallait passer par la guerre pour trouver la paix ? J'ai choisi que non. La guerre amène la mort. La guerre amène la peur, l'angoisse, la destruction. La lutte entraîne l'affaiblissement du corps. Je ne voulais pas vaincre le cancer. Je voulais faire la paix avec lui. J'ai décidé de l'accueillir. Je me suis même dit qu'il avait sûrement un cadeau à m'offrir et que celui-ci se dévoilerait en temps et lieu.

J'ai aimé mon corps inconditionnellement. L'opération est devenue pour moi un acte d'amour. Je faisais de la place et libérais en moi ce qui n'était plus utile. J'ai vu les mains du chirurgien baignées d'une lumière blanche. Ces mains venaient faire le ménage, un peu comme quand j'enlève de mon jardin les herbes qui empêchent les fleurs de s'épanouir. À mon réveil et durant les mois qui ont suivi, j'ai laissé mon corps faire son travail. Je me suis enlevée de son chemin en nourrissant la Vie, c'est-à-dire en faisant tout ce que j'aime, et seulement ce que j'aime, en tout temps.

Comme vous le savez maintenant, l'opération a laissé des séquelles : une partie de l'intestin et de la vessie amputée, un nerf sectionné, une jambe paralysée. J'ai assisté à la régénérescence de chacune de ces parties. J'ai vu mon corps se soigner par lui-même. J'étais émerveillée par la reconstruction qui se faisait naturellement. J'aimais ce corps qui connaissait le chemin de la santé, qui retrouvait sa vitalité et se remettait en marche à la vitesse grand V. Quand on m'a conseillé avec force et en toute bonne foi la chimiothérapie, j'ai entendu clairement mon corps dire non. Il n'en avait pas besoin. Il savait faire autrement. J'ai décidé d'écouter ce corps qui m'avait déjà montré son savoir-faire. Je me suis enlevée du chemin et je suis devenue gardienne de son temple. J'ai repris ainsi la maîtrise de mes décisions en honorant qui je suis.

Dire non à la chimiothérapie voulait aussi dire pour moi accepter de mourir plus rapidement si telle était la conséquence. Si c'est le chemin que mon corps voulait emprunter, qu'il en soit ainsi.

À ce jour, il a choisi autrement. Et le cadeau du cancer est apparu.

Aujourd'hui, je suis devenue la paix. Je suis devenue la joie. Et mon corps, ce fabuleux outil d'expression, se module à ce nouvel état d'être intérieur. Il m'offre encore du temps de paix. Quel cadeau!

Je ne pense plus en termes de maladie et de guérison. Des mots qui ont un sens seulement si notre regard est orienté vers l'avenir. Est-ce que je suis libérée du cancer pour toujours? Je ne sais pas. Mon corps est un extraordinaire écosystème vivant qui s'adapte à son milieu en cherchant sans cesse à s'équilibrer. Il n'a qu'un seul but : me maintenir en santé pour que je puisse poursuivre mon chemin, ici maintenant.

En écriture inspirée, je reçois des messages qui parlent de frères des étoiles, de guides, de flammes jumelles, de cœur solaire, de niveau de conscience, de dimensions, d'état vibratoire, de vie éternelle, d'alchimie, d'ascension, de Nouveau Monde. Je reçois des messages d'amour, de paix, d'abondance, de joie. J'écris sans me poser de questions. Je suis la première étonnée par ce que je reçois et ce que j'apprends de ces messages.

Dans ma vie de tous les jours, c'est beaucoup plus simple. Je me lève le matin avec un sentiment de grande reconnaissance. J'observe avec gratitude que je suis encore là! Quelle belle occasion d'en profiter pour jouer avec mes chiens, m'occuper des chevaux, embrasser mon amoureux, écrire une histoire pour les enfants, faire une recherche documentaire, jardiner, marcher dans le bois… et partager tout ça avec ma sœur, ma jumelle d'âme, ma précieuse France!

Eh oui, je suis encore là. Pour combien de temps? Est-ce que quelqu'un parmi vous sait combien il lui reste de temps? Moi non plus! Ça rend l'expérience encore plus excitante…!

Anne-Marie et France – Photo © Daphné Houle

Les éditions Ariane présentent

France Gauthier et ses amis guérisseurs
Invitée spéciale : Anne-Marie Séguin

Où : UQAM
Quand : le 18 octobre 2014

Billets en vente à partir du 1er septembre 2014

Téléphone : 514 276-2949
Courriel : info@editions-ariane.com
www.editions.ariane.com

REMERCIEMENTS DE FRANCE

En tout premier lieu, merci Anne-Marie d'être mon amie, ma jumelle, ma complice, et merci de me laisser partager avec le grand public cette belle aventure que tu nous as fait vivre. Merci pour ta présence, ta force, ta vulnérabilité aussi, ta persévérance, ta résilience, ta foi, ta joie de lutin et ta légèreté. Enfin, merci pour les enseignements précieux et, surtout, pour l'exemple !

Merci maître Thomas d'incarner avec autant de facilité la force tranquille, la stabilité et l'amour avec un grand A pour ma jumelle et tous ceux qui vous entourent. Merci d'être qui tu es !

Merci à tous les amis et membres de nos familles qui, de près ou de loin, ont contribué à cette grande résurrection. Vos pensées d'encouragement et d'amour inconditionnel ont été autant de perles qui forment aujourd'hui le trésor qu'Anne-Marie et moi transmettons dans ce livre.

Enfin, merci à Martine Vallée et Marc Vallée, mes éditeurs, pour leur confiance et leur enthousiasme.

Pour rejoindre France : www.francegauthier.ca

REMERCIEMENTS D'ANNE-MARIE

Merci Gauthier, ma belle et précieuse amie de tous les instants, ma jumelle de cœur et d'Âme, ma complice de jeu et de création.

Merci Thomas, mon mari, mon amoureux, mon complice, mon précieux compagnon du quotidien avec qui je vis le Paradis sur terre.

Merci du fond du cœur à mon médecin de famille (j'ai la chance d'en avoir un), Annie Demers, pour sa présence, sa disponibilité et sa constance dans ma vie.

Merci aux docteurs Éric Paradis et Christian Chouinard de l'hôpital Pierre-Boucher. Vos mains magiques ont grandement contribué à ce que je sois encore ici aujourd'hui.

Merci à mes anges de guérison : Violaine Beaudoin, massothérapeute et conseillère en produits naturels, Jean-François Paré, coach de santé, Stéphane Lacroix et ses mains guérisseuses, et Élaine Thibault, physiothérapeute qui m'enseigne la méthode Pilates.

Merci également à mes précieux amis : Ann, Benoît, Carole, Catherine, Chantal, Claire, Claude, Connie, Denis, Élisabeth,

Éloïse, France, Frédéric, Hélène, Jean-François, Isabelle, Julien, Léon, Marcia, Marie-Ève, Marie-Pierre, Martin, Martine, Richard, Serge, Simone, Suzanne, Sylvain, Tara, Yannick et Zaza.

Merci Pierre et Michel, mes frères tant aimés.

Merci aux lumières de ma vie : mon trésor, ma richesse, ma fierté… ma fille Élisabeth, ainsi que mes fils Jean-Christophe, Thomas et William.

Merci Pétronille, Aurora, mémécomique… mère-veilleuse !

Enfin, merci Lilou, docteur Welby, Charlot et Auguste Renoir, mes fidèles compagnons des autres règnes !

Pour rejoindre Anne-Marie :
annemarie.consultante@gmail.com

Récentes parutions aux Éditions Ariane

BOUTIQUE ARIANE en ligne

www.editions-ariane.com/boutique/

Canada : Flammarion Québec — 514 227-8807 — www.flammarion.qc.ca

France, Belgique : DG DIFFUSION — 05.61.000.999 —www.dgdiffusion.com

Suisse : Servidis diffusion — 23.42.77.40 — www.servidis.ch